U0099145

Seadove

Seadove

在日常生活中，最重要的問題，就是機率的問題！

賭客信條

一門源自賭博的科學

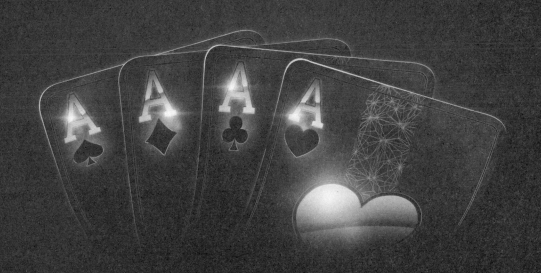

投資與賭博的差別在哪裡？
這是很多成功的商業人士假裝不懂的問題！

決定你是否成功的關鍵，絕不是只取決於數學機率上，還同時取決於你的貪婪心理和僥倖心理上。

仔細的思考：

你是投資還是賭博？你是靠實力還是碰運氣？

孫惟微 著

序：人人需要的行為經濟學

傳統經濟學認為：人是絕對理性的，此即「經濟人」理性假設。經濟學的理論大廈，是建立在「經濟人」理性假設的基礎上的。

理性幻象與感性現實

假設就是假設，根本不值一駁。

生而為人，就註定要犯錯誤，縱使巴菲特、索羅斯之類的奇才也概莫能外。

如果經濟學不是「經世之學」，誰又會和它較真呢？正是經濟學的這種身份，理性人假設常會讓它有時顯得欲振乏力。

註定，經濟學要發生一場改良，甚至革命。

1979 年，行為經濟學（Behavioral Economics）應運而生。它由猶太心理學家卡尼曼和特韋斯基共同創立。

行為經濟學向傳統經濟學發難的著力點，正是「經濟人」理性假設。

行為經濟學指出，人類的種種「非理性」的行為，不是偶然的發揮失常，而是普遍存在的。因此，有必要對傳統經濟理論模型進行修正。

從邊緣到主流

行為經濟學是經濟學與心理學的交叉學科。它扮演著傳統經濟學的「理論員警」角色。它把傳統經濟理論拿來驗證，指出其謬誤與不足。

2002 年，諾貝爾經濟學獎終於授予了行為經濟學的先驅——美心理學家丹尼爾‧卡尼曼。

這標誌著行為經濟學從此被承認，異端變為正統。

同時也為經濟學研究指明了新的發展方向。

多年來被經濟學家們嘲笑、挖苦的行為學及相關的心理學研究也結合經濟學的內容，搖身一變成為行為經濟學，並逐漸成為世界上最好大學的經濟系，如哈佛經濟系博士專案的基礎課程。

知識本為一體，把它們分割為條條框框，只是基於我們的軟弱。

有趣、有益的實用學問

行為經濟學是一門有趣的學問，不少地方讓人在莞爾之餘感到「此中有真意」。

這本書的諸多理論，是由假設的賭局推演而來，所以將其命名為《賭客信條》。

　　行為經濟學已經發展成為經濟學的一個重要分支，其研究成果直接輻射到各商業分支功能如金融、行銷、管理和會計等方面。

　　行為經濟學堪稱真正的「經世之學」，它與我們的現實生活息息相通。投資、理財、購物、決策，甚至人生規劃、政策制定都要用到它。掌握了其關鍵原則，對我們的生活、甚至人生是絕對有益的。

目 錄

第一章：前景理論——不確定條件下的決策行為

太害怕損失，這是人類非理性的貪婪和恐懼的根源。

第二章：參照依賴——獨立評判與聯合評判

攀比，是人類的天性。否則就無法做出選擇，甚至不知道自己是否幸福。

第三章：錨定效應——難以覺察的參照值

漫天要價，就地還錢。錨定效應證明，人類在無意識中仍會做出 比較。

第四章：心理帳戶——金錢的感情色彩

人們會賦予金錢不同的價值，貼上不同的標籤，放在不同的「口袋」。

第五章：賭場原理——莊家恆贏之玄機

利用人們的心理盲區，是賭場賺錢的依據。

第八章：理性原罪——多重選擇下的衝突

多則惑，少則明。人類大腦不堪複雜的比較行為。

第九章：跨時抉擇——及時行樂與漸入佳境

及時行樂未必不是一種睿智，遠見太遠也是一種貪婪。

第十章：過度自信——認知自大與錯誤研判

控制也許只是幻覺，資訊也許只是垃圾，理論也許只是病毒。

第十一章：幸福哲學——快樂的量化與優化

放大快樂，縮小痛楚。悲觀者視為精神嗎啡，樂觀者視為人生哲理。

第十二章：九重幻象——思維的盲點與陷阱

人類天生註定會犯糊塗，關鍵在於如何不在關鍵時候犯糊塗。

第十六章：雙尾理論——從「長尾」到「雙尾」

窮尾越長，富尾反而越集中。這是「長尾理論」假裝沒有看到的。

第一章：前景理論

——不確定條件下的決策行為

太害怕損失，這是人類非理性的貪婪和恐懼的根源。

> 智者之慮，必雜於利害。

> ——《孫子·九變》

> 這門源自賭博的科學，必將成為人類知識中最重要的部分。大部分生活中最重要的問題，都只是機率的問題。

> ——拉普拉斯

傳統經濟學認為，人是理性的，並追求利益的最大化。你算得上是一個理性的人嗎？在這個不確定的世界裏，你的選擇傾向是什麼？

10億美元一次，你願意嗎？

先假設一個賭局，導入兩個概念。

有一個無聊又古怪的大亨要和你打一個賭：一張10億美元的現金支票，一把能裝六枚子彈的左輪手槍，只裝一發子彈，並隨機轉動彈匣。只要對著你的頭扣動扳機。如果你還活著，就可以把支票拿去兌現。你願意賭一次嗎？

這是筆者在某網站發起的投票。近26000名網友，在權衡利弊後，做出自己的抉擇。其中，願意的人佔45%，不願意的人佔55%。

風險喜好（risk loving）：決策者常常會不顧可能發生的危險，仍實施某項行為和進行某項決策活動。

風險厭惡（risk averse）：也叫風險規避。這種決策者較保守，迴避可能發生的風險。

在這個例子中，其中45％的網友選擇了「願意」，是「風險喜好者」；另外55％的網友是「風險厭惡者」。

這種賭局叫俄羅斯輪盤，在這無妄的世界裏，很多事與俄羅斯輪盤一樣邪門。

其實，人的風險偏好不是一成不變的。筆者後來又做了一個投票。

假設你患有一種小病。不做手術，不影響生命，僅僅感覺不適。做手術，有83％的成功率，若手術失敗則斃命。你會選擇進行這個手術嗎？

投票結果是，有67％的網友選擇了做手術。正如一名女網友所言：「很多手術都是有危險的，但不能為了能活命就不要去治啊。好比女人生小孩都會有一定的危險，難道就一輩子不要生小孩？」

當然，這只是一次虛擬的賭局，並不能真正測出人的風險偏好。面對真實的世界，宣稱「生命誠可貴」的人，可能會禁不起金錢的誘惑，勇闖鬼門關。崇尚「富貴險中求」的人，面對死亡的威脅，也可能放棄賭博。

人類決策、抉擇有什麼規律？這正是本書所要探討的問題。

通膨預期下，你會買房嗎？

在房市低迷的時候，某建商打出這樣的廣告：「購屋抗通膨，抵禦資金縮水。」這個很直接的廣告，卻包含著行為經濟學的智慧。

前景理論（預期理論）關乎每個人的日常抉擇，舉個例子。

假設你有 100 萬元存款，你認為最好的投資途徑是買房。

現在有一間標價 100 萬元的房子，在未來一年裏，漲價 30% 的可能性為兩成，跌價 30% 的可能性為八成。

你會買它嗎？

顯然，大部分人都不會買，但我們增加一個條件，情形就會變化。

同時，你發現日用品價格在悄悄攀升，你那 100 萬元存款，存在銀行不動的話，在未來一年裏貶值 20% 的可能性為九成。

在此種情況下，你會買房嗎？

類似這種抉擇，都可以在「前景理論」（Prospect Theory）裏找到答案，讓你知其然，又知其所以然。

前景理論

前景理論是卡尼曼（Kahneman）和特韋斯基（Tversky）在 1979 年提出的。所有關於行為經濟學的著作，都繞不開這個理論。

曾有一位著名的財經編輯問過卡尼曼，為什麼將他們的理論稱為「前

景理論」，卡尼曼說：「我們只想起一個響亮的名字，讓大家記住它。」

也有學者將「前景理論」翻譯為「預期理論」，在不同的風險預期條件下，人們的行為傾向是可以預測的。

前景理論由下面 4 個原理組成，本章先介紹 3 個。

確定效應：在確定的好處（收益）和「賭一把」之間，做一個抉擇，多數人會選擇確定的好處。

反射效應：在確定的壞處（損失）和「賭一把」之間，做一個抉擇，多數人會選擇「賭一把」。

損失規避：多數人對損失比對收益更為敏感。

參照依賴：多數人對得失的判斷往往由參照點決定。

前景理論是對經濟學的一個重要內容——風險決策理論的修正。

你是個「見好就收」的人嗎？

所謂確定效應，就是在確定的好處（收益）和「賭一把」之間，做一個抉擇，多數人會選擇確定的好處。用一個詞形容就是「見好就收」，用一句話打比方就是「二鳥在林，不如一鳥在手」，正所謂落袋為安。

讓我們來做這樣一個實驗。

A：你一定能賺 30000 元。

B：你有 80% 可能賺 40000 元，20% 可能性什麼也得不到。

你會選擇哪一個呢？

實驗結果是，大部分人都選擇 A。

傳統經濟學中的「理性人」這時會跳出來回應：選擇 A 是錯的，因為 $40000 \times 80\% = 32000$，期望值要大於 30000。

這個實驗結果是對「原理 1」的印證：大多數人處於收益狀態時，往往小心翼翼、厭惡風險、喜歡見好就收，害怕失去已有的利潤。

卡尼曼和特韋斯基稱為「確定效應」（certainty effect），即處於收益狀態時，大部分人都是風險厭惡者。

「確定效應」表現在投資上就是投資者有強烈的獲利了結傾向，喜歡將正在賺錢的股票賣出。

投資時，多數人的表現是「賠則拖，贏必走」。

在股市中，普遍有一種「賣出效應」，也就是投資者賣出獲利的股票的意向，要遠遠大於賣出虧損股票的意向。這與「對則持，錯即改」的投資核心理念背道而馳。

小提醒：虛擬確定效應

行銷學裏，有一種促銷手段類似確定效應，姑且稱為「虛擬確定效應」。

比如，一家洗衣店打出告示，一次洗三件，可以免費洗一件。

這種讓利方式要好於平均降價 25%。對一般消費者來說，完全免費，要比打個折扣更具有吸引力，雖然羊毛出在羊身上。

因為小損失，甘冒大風險

面對兩種損害，你是會選擇躲避呢，還是勇往直前？

當一個人在面對兩種都損失的抉擇時，會激起他的冒險精神。在確定的壞處（損失）和「賭一把」之間，做一個抉擇，多數人會選擇「賭一把」，這叫「反射效應」。用一句話概括就是「兩害相權取其輕」。

讓我們來做這樣一個實驗。

A：你一定會賠 30000 元。

B：你有 80% 可能賠 40000 元，20% 可能不賠錢。

你會選擇哪一個呢？投票結果是，只有少數人情願「花錢消災」選擇A，大部分人願意和命運賭一賭，選擇B。

傳統經濟學中的「理性人」會跳出來說，兩害相權取其輕，所以選B

是錯的，因為（-40000）×80% =-32000，風險要大於 -30000 元。

現實是，多數人處於虧損狀態時，會極不甘心，寧願承受更大的風險來賭一把。也就是說，處於損失預期時，大多數人變得甘冒風險。

卡尼曼和特韋斯基稱為「反射效應」（reflection effect）。

「反射效應」是非理性的，表現在股市上就是喜歡將賠錢的股票繼續持有下去。統計資料證實，投資者持有虧損股票的時間遠長於持有獲利股票。投資者長期持有的股票多數是不願意「賠售」而留下的「套牢」股票。

撿到 100 元的快樂，不敵遺失 100 元的痛苦

如何理解「損失規避」？用一句話打比方，就是「白撿的 100 元所帶來的快樂，難以抵消遺失 100 元所帶來的痛苦」。

前景理論最重要也是最有用的發現之一是：當我們做有關收益和有關損失的決策時表現出的不對稱性。對此，就連傳統經濟學的堅定捍衛者——保羅・薩繆爾森，也不得不承認：「增加 100 元收入所帶來的效用，小於失去 100 元所帶來的效用。」

這其實是前景理論的第 3 個原理，即「損失規避」（loss aversion）：大多數人對損失和獲得的敏感程度不對稱，面對損失的痛苦感要大大超過面對獲得的快樂感。

行為經濟學家通過一個賭局驗證了這一論斷。

假設有這樣一個賭博遊戲，投一枚均勻的硬幣，正面為贏，反面為輸。

如果贏了可以獲得 50000 元，輸了失去 50000 元。請問你是否願意賭一把？請做出你的選擇。

A：願意

B：不願意

從整體上來說，這個賭局輸贏的可能性相同，就是說這個遊戲的結果期望值為零，是絕對公平的賭局。你會選擇參與這個賭局嗎？

但大量類似實驗的結果證明，多數人不願意玩這個遊戲。為什麼人們會做出這樣的選擇呢？

這個現象同樣可以用損失規避效應解釋，雖然出現正反面的機率是相同的，但是人們對「失」比對「得」敏感。想到可能會輸掉 50000 元，這種不舒服的程度超過了想到有同樣可能贏來 50000 元的快樂。

由於人們對損失要比對相同數量的收益敏感得多，因此即使股票帳戶有漲有跌，人們也會更加頻繁地為每日的損失而痛苦，最終將股票拋掉。

一般人會因為這種「損失規避」（loss aversion），而放棄本可以獲利的投資。

迷戀小機率事件

買彩券是賭自己會走運，買保險是賭自己會倒楣。這是兩種很少發生的事件，但人們卻十分熱衷。前景理論還揭示了一個奇特現象，即人類具有強調小機率事件的傾向。

何謂小機率事件？就是幾乎不可能發生的事件。

比如天上掉下餡餅，這就是個小機率事件。

掉的是餡餅固然好，但如果掉下來的不是餡餅而是陷阱呢？當然也屬於小機率事件。

面對小機率的獲利，多數人是風險喜好者。

面對小機率的損失，多數人是風險厭惡者。

事實上，很多人都買過彩券，雖然贏錢可能微乎其微，你的錢99.99％的可能支持福利事業和體育事業了，可還是有人心存僥倖的去搏小機率事件。同時，很多人都買過保險，雖然倒楣的機率非常小，可還是想規避這個風險。人們的這種傾向，是保險公司經營下去的心理學基礎。

在小機率事件面前人類對風險的態度是矛盾的，一個人可以是風險喜好者，同時又是風險厭惡者。傳統經濟學無法解釋這個現象。

小機率事件的另一個名字叫運氣。僥倖，就是企求好運，邀天之幸。孔子很反感這種事，他說：「小人行險以僥倖。」莊子認為孔子是個「燈下黑」，他藉盜蹠之口評價孔子：「妄作孝弟，而僥倖於封侯富貴者也。」對小機率事件的迷戀，連聖人也不能免俗。

厭惡的只是損失

前景理論指出，在風險和收益面前，人的「心是偏的」。在涉及收益時，我們是風險的厭惡者，但涉及損失時，我們卻是風險喜好者。

但涉及小機率事件時，風險偏好又會發生離奇的轉變。所以，人們並不是風險厭惡者，他們在他們認為合適的情況下非常樂意賭一把。

追根究底，人們真正憎恨的是損失，而不是風險。

這種損失厭惡而不是風險厭惡的情形，在股市中常常見到。比如，我們持有一支股票，在高點沒有拋出，然後一路下跌，進入了徹徹底底的下降通道，這時的明智之舉應是拋出該股票，而交易費用與預期的損失相比，是微不足道的。

捫心自問，如果現在持有現金，還會不會買這支股票？你很可能不會再買吧，那為什麼不能賣掉它買別的更好的股票呢？也許，賣了它後損失就成了「事實」吧。

稟賦效應

如果需要用一個詞來形容稟賦效應，那就是「敝帚自珍」——自家的破掃帚也比別人家的新掃帚更有價值。

行為經濟學的另一位重要開創者——理查・泰勒教授，曾經找了一些加拿大的學生做過這樣一個實驗：

第 1 組：泰勒教授準備了幾十個印有校名和校徽的馬克杯，這種馬克杯在學校超市的零售價是 5 元，在拿到教室之前，教授已經把標價籤撕掉了。泰勒來到課堂上，問學生願意花多少錢買這個杯子（讓他們在 0.5 元到 9.5 元之間做選擇）。

第 2 組：泰勒教授同樣地來到第二個教室，但這次他一進教室就送給每個人同樣這樣一個杯子。過了一會兒教授說由於學校今天組織活動開大會，杯子不夠，需收回一些。老師讓大家每人都寫出自己願意以什麼價格賣出這個杯子（也同樣給出了 0.5 元到 9.5 元之間的選擇範圍）。

實驗結果顯示，在第 1 組中，學生平均願意用 3 元的價格去買一個帶校徽的杯子；而到了第 2 組，當需要學生將已經擁有的杯子出售，出價陡然增加到 7 元。

相對於獲得，人們非常不樂意放棄已經屬於他們的東西。泰勒把這種現象稱為「稟賦效應」。

稟賦效應（endowment effect）指的是同樣一件商品，一旦人們擁有這件商品，相對於還未擁有這件商品的人而言，會對此商品估計一個更高價。

是什麼造成了稟賦效應呢？是人們高估了他們所擁有的東西的價值，還是與自己擁有的東西分開會帶來痛苦？

再看另一個實驗。

首先，要求學生們對 6 種贈品的吸引力進行排序，然後將一種不太有吸引力的贈品——一支鋼筆發給了班上一半的學生，另一半的學生可以選擇一支鋼筆或者兩塊巧克力。只有 24% 的學生選擇了鋼筆。

接下來，早先得到鋼筆的學生如果願意的話可以將鋼筆換成巧克力。儘管大多數學生將鋼筆的吸引力排在巧克力之後，56% 早先得到鋼筆的

學生並沒有選擇將鋼筆換成巧克力。

從這裏可以看到，人們似乎並沒有高估自己所擁有的東西的價值，人們可能更多地是受到放棄自己的東西而產生的痛苦的影響。

稟賦效應是損失規避的一種表現形式。

幼犬效應

現實生活中，一些商家會提供產品的「試用期」。比如顧客可以先免費試用該產品 15 天，試用期滿後如果顧客願意可以選擇退回該產品。然而，到那時該產品已經像是家中財產的一部分了，稟賦效應使得人們不願意歸還而傾向於願意購買該產品。

稟賦效應在某些行銷書籍裏變身為「幼犬效應」，是一種常見的行銷技巧，行為經濟學家則稱為「所有權依賴症」。

父母帶領孩子們逛街，路過寵物店，孩子們圍著小狗不忍離去。店主和小孩家長認識，慷慨地說：「把牠帶回家去過週末吧。如果牠跟你們合不來或者你們不喜歡牠了，星期一早上再把牠送回來就行。」

他們如何能抵擋這樣的誘惑！頭兩天真是快樂無比。大家爭著去遛狗，看見小狗逗趣的動作就哈哈大笑，牠整晚嚎叫也會有人為牠開脫：「哎，牠還是一隻小狗呢。」

星期一是上班和上學的日子，他們在不知不覺中發覺這隻狗已屬於他們了。想還給店主的念頭，被離別的痛苦戰勝了。這個例子中店主對顧客

也是非常公平的，允許他們先試試再最後決定。

某家濾水器公司也採用同樣的方法，銷售人員提供自來水篩檢機器，借你用半個月。你一旦用慣了純淨水，就不會願意再喝帶有漂白水味道的茶或咖啡。這種做法來自同樣的思路，同樣的方法。

汽車行也會借車給那些有購車能力者試駕，這樣做是希望你一旦嘗試了來自鄰居豔羨的眼光、朋友的讚譽的滋味後，就不願意再送還這輛汽車。當然，除非你有更中意的車型。

所以，當你再次看到某種「不滿意七天可以退貨」的商品，就要提醒自己，或許真的可以退貨，但把一件商品帶回家試用，「所有權依賴症」就開始在你身上要發揮作用了。

讓「試行辦法」成為正式策略

稟賦效應，也可用於日常事務。

幾個朋友一起做生意，你想出一個新點子。但你也知道，要你的合夥人接受你的方案可能有點困難。為了讓合夥人接受這個建議，一種策略是建議先試行一小段時間。你可以說：「讓我們用這個辦法先試半個月，看看情況，不行我們再改回來。」這種「試行策略」比較容易讓人接受。如果你的方案確實還可以，一般人就不願再做新的變革。這是一種迂迴的說服術，但可幫你達到想要的結果。

延伸閱讀

俄羅斯輪盤賭與投資行為

俄羅斯輪盤賭（Russian Roulette）是一種非常邪惡的賭博遊戲。

其規則是：在左輪手槍的六個彈槽中放入一顆或多顆子彈，任意旋轉轉輪之後，關上轉輪。

遊戲的參加者輪流把手槍對著自己的頭，扣動扳機；中槍的當然是自動退出，怯場的也視為輸，堅持到最後的就是勝者。旁觀的賭博者，則對參加者的性命壓賭注。

第一次世界大戰中，沙俄戰敗，軍營裏彌漫著悲觀的氣氛。對未來感到迷茫的士兵，想出了這種殘酷的遊戲來排遣苦悶。所以這種賭博方式被稱為「俄羅斯輪盤賭」。

現實生活中的許多投機行為，與俄羅斯輪盤賭的風險並無本質不同。在人類投機的歷史中，充斥著許多富豪輸掉全部財富的故事。

而一些高風險的投資行為，往往會被業內人士包裝成「低風險」，普通人很難識破。比如「次級債務」的風險即便是一些「資深人士」也未曾預料到，此外，金融衍生品市場、認購權證、外匯保證金交易、黃金期貨……無不與高風險相結合。

投資家查理‧芒格，早在 2006 年就對華爾街的各種金融衍生品這麼評述：「把美國的衍生品的說明看成一條下水道的說法，是對下水道的侮辱！」

「衍生品猶如一把刀，你可以用它切菜，也可以用它自殺」。在次債危機中被「爆頭」的「賭客」數不勝數，這和玩俄羅斯輪盤賭有什麼區別？

第二章：參照依賴

――獨立評判與聯合評判

攀比，是人類的天性。否則就無法做出選擇，甚至不知道自己是否幸福。

只要比你小姨子的丈夫（連襟）一年多賺一千塊，你就算是有錢
人了。

——門肯

樂觀者與悲觀者的唯一區別是，樂觀者看到的是甜甜圈，而悲觀
者看到的是甜甜圈中的小洞。

——奧立佛・史東

如果你喜歡蘋果勝過橘子，喜歡橘子勝過葡萄，那麼你就不可能喜歡
葡萄勝過蘋果。

這是傳統經濟學的所做假設之一。

行為經濟學則證實，不同參照點（或參照系），會影響人們的選擇與
判斷，這正是前景理論所要闡述的第 4 個原理。

同儕悖論

假設你面對這樣一個選擇：在商品和服務價格相同的情況下，你有兩
種選擇：

A：其他同事一年賺 6 萬元的情況下，你的年收入 7 萬元。

B：其他同事年收入為 9 萬元的情況下，你一年有 8 萬元進帳。

卡尼曼的這調查結果出人意料：大部分人選擇了前者。

事實上，我們拼命賺錢的動力，多是來自同儕間的嫉妒和攀比。

我們對得與失的判斷，是來自比較。

嫉妒總是來自自我與別人的比較，培根曾言：皇帝通常不會被人嫉妒，除非對方也是皇帝。對此，美國作家門肯早有妙論：「只要比你小姨子的丈夫（連襟）一年多賺一千塊，你就算是有錢人了。」

傳統經濟學認為金錢的效用是絕對的，行為經濟學則告訴我們，金錢的效用是相對的。這就是財富與幸福之間的悖論。

參透得與失

到底什麼是「得」，什麼是「失」呢？

你今年收入 20 萬元，該高興還是失落呢？假如你的奮鬥目標是 10 萬元，你也許會感到愉快；假如目標是 100 萬元，你會不會有點失落呢？

所謂的損失和獲得，一定是相對於參照點而言的。卡尼曼稱為「參照依賴」（Reference Dependence）。

老張最幸福的時候是他在 20 世紀 80 年代做「土財主」的時候，雖然現在自己的村鎮已經改造成了城市，拆遷補貼也讓自己有了數千萬元的資產，但他感覺沒有當年興奮，因為鄰里也都是一樣了。

講這個故事的用意不難明白，我們就不再進行繁瑣的論證了——得與

失都是比較出來的結果。

傳統經濟學的偏好理論（Preference theory）假設，人的選擇與參照點無關。行為經濟學則證實，人們的偏好會受到單獨評判、聯合評判、交替對比及語意效應等因素的影響。

參照點（參照系）

參照依賴（前景理論第 4 個原理）：多數人對得失的判斷往往根據參照點決定。

一般人對一個決策結果的評價，是通過計算該結果相對於某一參照點的變化而完成的。

人們看的不是最終的結果，而是看最終結果與參照點之間的差額。

一樣東西可以說成是「得」，也可以說成是「失」，這取決於參照點的不同。非理性的得失感受會對我們的決策產生影響。

小結：前景理論 4 原理：

1. 確定效應處於收益狀態時，多數人是風險厭惡者。
2. 反射效應處於損失狀態時，多數人是風險喜好者。
3. 損失規避多數人對損失比對收益更敏感。
4. 參照依賴多數人對得失的判斷往往由參照點決定。

參照值影響風險偏好

綜合前景理論的 4 個原理，可以推論：改變參照值，就能改變人們對得失的判斷，從而改變他的風險偏好。讓我們接著看下一個例子。

假設你買彩券中獎了，稅後可得 500 萬元。一家人開始計畫如何用這 500 萬元進行投資。最後大家把目光落在對兩個都需要投資 500 萬元的方案上。

A 方案：加盟速食店，五年後肯定贏利 200 萬元。

B 方案：開一家傳統餐廳，有 50% 的可能性五年贏利 300 萬元，50% 的可能五年贏利 100 萬元。

家庭成員大多數人是風險厭惡者，會選擇 A 方案。只有你對 B 方案情有獨鍾，你該怎麼說服他們？

你可以通過改變贏利目標（參照值）來改變大家的偏好。

你可以向他們「擺事實、講道理」，證明 500 萬投資某種穩賺不賠的基金（國債），所賺的都能超過 200 萬元，雖然加盟速食店比較保險，但回報率還是顯得太低。

假如這樣說得通，你實際上是將贏利目標提高了，比如說 250 萬元，那麼 A 方案就像是少賺了 50 萬元，而 B 方案要嘛剛超過目標 50 萬元，要嘛少賺 150 萬元，這時兩個方案的期望值都是負的。

據前景理論，人在面臨損失的預期時，就有賭一把的衝動。這時選擇有風險的投資B方案的可能性將大大增加。

不論是在管理，還是在戰爭、談判等方面，低標準的目標往往使人謹慎行事，高標準的目標往往使人敢於冒險。我們可以通過調整參照值影響人對得失的判斷，從而調節他們的風險偏好。

交替對比

行為經濟學的先驅，已經仙逝的特韋斯基，曾經做過類似這樣一個實驗。

選出 5 種微波爐，拿給被試者選購。這些人仔細研究這些產品後，有一半的人比較鍾情於其中的兩種：一種是A型，售價110美元，7折出售。另一種是B型，售價180美元，7折出售。

在做出具體選擇時，有57%的人選擇了A型，另有43%的人選擇了B型。

同時，另一組人應要求3選1。包括上面兩種產品，以及另外一種C型微波爐，售價200美元，但要9折出售。

C型的價格顯然不像另外兩種那麼優惠，但卻使偏向B型的人顯著增加。約有60%的人選擇B型，27%的人選擇了A型，另外13%的人選擇了C型。

特韋斯基解釋說，這是「交替對比」的結果。也就是各種選擇之間的利弊相比，會使某些選擇顯得更有吸引力，或是吸引力為之減少。

客觀上講，我們對一樣事務的評價不應該受到與這樣事務本身無關因素的影響，也不應該受到評估方式的影響，但事實上這卻是難以做到的。

中杯效應

某些商品，大份與小份之間成本基本無差別。比如咖啡，大杯與小杯之間的成本差至多不過幾塊錢，但是其定價卻相差甚遠。商家為了促銷，常在促銷手段上玩點花樣。

假設某咖啡館推出一款咖啡：大杯（620 毫升）100 元，中杯（500 毫升）80 元，小杯（380 毫升）60 元。

理性之選應是「小杯」。除非是對咖啡特別上癮的人士，小杯咖啡一般可以滿足自己的需求。

但是，事實上在「大杯」和「小杯」兩個參照值的作用下，大部分人認為選擇「中杯」是最穩妥的。所以，人們經常選擇「中庸之道」而忘記了真實的需求。

我們買飲料或其他消費品的時候，經常有大、中、小三種型號，很多人會在價格比對的刺激下，選擇中號商品。我們把這種選擇「中庸之道」而忘記了真實的需求的現象稱為「中杯效應」。

特韋斯基通過實驗證明：

如果 A 優於 B，大家通常會選擇 A。

但是，如果 B 碰巧優於 C，而且其優點 A 是沒有的，那麼許多人就會選擇 B。

其主要的理由就是與 C 相比，B 的吸引力顯著加強了。

陪襯品只是「藥引子」

很多房地產仲介，會毫無怨言地帶領客戶去到處看房，有時會故意帶客戶看兩間條件一樣、價格明顯不同的房子。

其實，仲介心裏很清楚，有些路並不是白跑的，那間同樣條件，價格貴一些的房子只是個陪襯品，是促使客戶簽約的「藥引子」（或「誘餌」）。

這裏再介紹一種「中杯效應」的升級版。比如，某超市賣有四種不同規格的飲料。

第一種 180 毫升，18 元。
第二種 330 毫升，32 元。
第三種 330 毫升，32 元。附贈一瓶 120 毫升的非賣品。
第四種 450 毫升，42 元。

很明顯，第三種和第四種相比，淨含量是一樣的，卻便宜了 10 元。第三種和第二種相比價格一致，卻多出了 120 毫升。

消費者可以很明顯地感受到這是一種優惠。相信會有很多需要這種消

毒液的消費者會選擇第三種，第二種和第四種基本不會有什麼銷量，只是陪襯品。

厭惡極端

讓我們看看另一項相關的實驗得出的一個有趣的結論：

心理學家要一組參與實驗的人，在兩種型號之間做選擇，一種是售價1700 元的 A 型，另一種是售價 2300 元的 B 型。

結果，選擇兩種機型的人各占一半。

另一組人則必須在 3 種機型之間做選擇，除了上面這兩種機型外，加上另一種售價 4600 元的 C 型。

也許你會覺得，除了選 C 型的人以外，剩下的人選擇 A 型和 B 型的仍然各占一半。

結果出人意料，第二組有很多人改選了價格適中的 B 型，比選擇最便宜機 A 型的人多出了一倍。

如果在一批選項中，出現了一個中庸的傢伙，一般人比較可能青睞它，而不會選擇極端。

行為經濟學中這種現象稱為「厭惡極端」的心理。也就是「中杯效應」。

某廠家推出兩款豆漿機，容量、功率相同。

A 型：1368 元塑膠外殼。

B 型：2668 元不銹鋼外殼。

顯然，只是外殼材質不同，價格相差將近一倍，很多消費者寧願選擇塑膠外殼的 A 型。為了推動 B 型豆漿機的銷售，廠家請來了行銷策劃公司。行銷策劃公司建議廠家向市場投放少量的 C 型豆漿機。

A 型：1368 元塑膠外殼。

B 型：2668 元不銹鋼外殼。

C 型：3968 元不銹鋼外殼，液晶面板。

這個建議在理論上是可行的。在這三個選項裏，顧客選 B 型的可能性大大增加。當然，實際的行銷效果還會受到其他因素的影響，比如同行的競爭，消費者的營養觀念等，這不在本書探討的範圍。

人質危機

假如你是某國總統。

一群暴徒挾持了一所學校的 600 名師生，向你提出了一系列無理要求，如果不答應就殺害全部人質。

你當然不會答應恐怖分子的要求，因為這可能會招來無盡的要脅。你只能出奇制勝了。

現在有兩個備選方案來化解這場危機：

A 方案：會有 200 人獲救。

B 方案：會有 33％機率所有人都獲救，67％機率所有人都被害。

試問，你會選擇哪個方案？

在這個實驗中，更多的被試者選擇了 A 方案。這兩個方案的「數學期望值」其實是一樣的。

框架效應

接著，讓我們再看另外兩個人質解救方案。

C 方案：600 人中會有 400 人死去。

D 方案：33％的機率沒有人死亡，67％的機率所有人都會死亡。

這個實驗中，更多的被試者選擇了 D 方案。

這其實只是個文字遊戲，把相同的方案用不同的方式來表述。

A 方案和 B 方案屬於積極描述，C 方案和 D 方案屬於消極描述。

不同語境下，人們的風險偏好發生了逆轉。

當用存活的人數來描述計畫時，對於大家來說能救活師生是「收益」，生命如此重要，能存活多少是多少，會因風險厭惡而選擇 A 方案。

當用死亡來描述同樣的事件時，大家就感覺到這是「損失」，誰也不希望眼睜睜地看著 400 人犧牲，這時人們傾向於風險喜好，從而會接受賭一把的計畫。

對此，特韋斯基和卡尼曼提出了「框架」這一概念，他們認為，「框架」是由提問題的形式（語意），以及社會風俗、決策者的性格所決定的。不同的提問方式，會產生不同的效果。

　　同一個意思，用不同的辭令表達，固然屬於「術」的範疇，但它帶給聽者的心理衝擊是明顯不同的。

　　粗略而言，框架效應可稱為語意效應，在處理公共事務的時候，語意效應十分明顯。

延伸閱讀

誰是二十世紀最偉大的經濟學家

誰是二十世紀最偉大的經濟學家？

對一個學者的評價，說到底還需「同行公議」，也就是你的研究成果被別人引用的次數。

所以，如果根據文獻被引用次數、支持人數，以及對所屬專業的影響來看，這樣來看，這個榮譽應該授予心理學家卡尼曼和特韋斯基。

此二位的貢獻在於發掘人類那些欠缺理性思考和最優化的經濟行為。

卡尼曼和特韋斯基是老鄉，都是美籍猶太人。卡尼曼和特韋斯基又是老校友，兩人都曾就讀於希伯來大學，同時，卡尼曼和特韋斯基又是老戰友，兩人都曾加入以色列國防軍服役。

最後，兩人都移民美國，特韋斯基在史丹佛大學的心理學系任教，卡尼曼在普林斯頓大學任教。

1997 年，特韋斯基因癌症去世，享年僅 59 歲。曾經從軍、並榮獲以色列最高英勇獎章的特韋斯基曾表示，他自己在學術上的作為，只是利用科學的方法，探討了人類所熟知的「廣告商和二手車商」的行為關係。這是多麼美妙的說法。

2002 年，心理學家卡尼曼和經濟學家弗農‧史密斯分享了諾貝爾經濟學獎。

這是經濟學獎第一次頒給心理學家，也是第二次頒給完全沒修過經濟學位的人。

另一次給了數學家納什，納什的貢獻在於博弈論。

特韋斯基沒有得獎，主要因為他在 1997 年就病逝了，實在是可歎。

從此，行為經濟學（Behavioral Economics）正式進入大眾視野裏，這門多年來被正統經濟學家們諷刺挖苦的學科，開始在頂尖大學（比如哈佛）開設，成為經濟學博士的基礎課程。

如今，行為經濟學已經發展成為經濟學的一個重要分支，其研究成果直接輻射到各商業分支，如金融、會計、市場行銷等方面。

第三章：錨定效應

——難以覺察的參照值

漫天要價，就地還錢。錨定效應證明，人類在無意識中仍會做出比較。

取法於上，僅得為中，取法於中，故為其下。

——唐太宗《帝范》

房地產公司標下「地王」，就如同一個百貨公司開一家奢侈品店，賺不賺錢其實不重要，關鍵在於提升這個百貨公司的檔次。

——張永河（新加坡紅木集團總經理）

傳統經濟學認為，人們的決策是理性的、不會被無意義的數字干擾。

卡尼曼和特韋斯基所發現的「錨定效應」，是一種非常典型的心理偏差，它是對「理性人」假設的又一次否定。

先入為主

現在請一組人都回答兩個問題：

1：請問台北市的人口超過 50 萬嗎？

2：你猜台北市的人口有多少？

再請另一組人回答兩個類似的問題。

1：台北市的人口超過 100 萬嗎？

2：你認為台北市的人口有多少？

你在兩種情況下對拉賈斯坦邦人口的估計會一樣嗎？

一個很有趣的結果是，人們在回答第二個問題時都受了第一個問題的影響，第二個問題的答案隨著第一個問題數字的增大而增大。這個實驗可以說明人們心中一種常見的心理偏差，即錨定效應。

錨定效應（anchoring effect），是指當人們需要對某個事件做評估時，會將某些特定數值作為初始參照值，這個初始參照值像錨一樣制約著評估結果。

這就是人們常說的「先入為主」，人們做一個決定時，大腦會對得到的第一個資訊給予特別的重視。第一印象或資料就像固定船的錨一樣，把我們的思維固定在了某一處。「錨」是如此的頑固而又不易覺察，要把這種「錨」拔起來，遠比你想像的要困難得多。

「維多利亞的秘密」的秘密

在同一品牌系列產品中，商家會製造一款「極品」，標出一個令人咋舌價格。這款「極品」能否售出並不重要，關鍵在於它將價格「錨定」在高位，悄悄改變了相關產品的參照值。

「維多利亞的秘密」是美國最著名的內衣品牌，擁有一件「維多利亞的秘密」，是不少女性的願望。從 1996 年起，該公司每年耶誕節前都會由超級模特兒代言，高調發佈一款價值數百萬美元的鑲鑽內衣。

此舉不僅能吸引媒體注意，收到廣告效果，更能促進相關產品的銷售。

當這款內衣出現在公司產品目錄上時，其實已經悄悄塞給了顧客一個價格參照點。

不難想像，當一位男士準備買一件內衣送給妻子時，他先看到一款標價十幾萬元的內衣，是什麼心情；再看到一款標價才 298 美元，樣式、質地也很好的同品牌商品時，又是怎樣的心情。

對於企業來說，就算鑽石內衣賣不掉，上面的鑽石可以拆下來，明年繼續用，幾乎沒有什麼損失。而與「維多利亞的秘密」經營手法類似的商家有：

◆ 美國 ASANTI 公司，鑲有 12000 顆鑽石和 800 顆藍寶石的汽車輪圈，報價 200 萬美元。

◆ 瑞士昆侖（Corum）公司，鑲滿鑽石的「經典億萬陀飛輪」，全球限量 10 塊，標價 32.5 萬～ 99.8 萬美元。

◆ 德國史蒂福公司，黃金絨毛泰迪熊，全球限量 125 只，每只售價約合 8.6 萬美元。

◆ 英國的 Luvaglio 公司，鑽石筆記型電腦，標價 100 萬美元。

人類天生愛聽故事，行銷就要「講故事」，越是傳奇，越是有效。價格，往往是「故事」中最容易記住的橋段。把一件普通商品做成天價，本身就是一種商業廣告行為。另外，虛榮是人類的天性，天價商品，對於追求炫耀性消費的有錢階級來說，也具有一種虛擬的價值。

飛來之錨

錨定效應幾乎無處不在，但人們常常沒有察覺。為了說明這一點，我們先回顧一段歷史。

亞歷山大，古代世界最著名的征服者之一。

他 20 歲即位，21 歲遠征波斯，他的鐵騎曾經橫掃亞歐大陸，在征服了波斯、埃及和印度北部以後，在回軍途中患瘧疾駕崩，終年 33 歲。

請問：亞歷山大死於西元 29 年之前還是之後？

在你仔細閱讀了這個問題之後，你可能已有警覺，命題的人只不過用了一個障眼法，主要用意就是硬把一個年份（西元 29 年）塞進你的腦子裏。

你很可能覺得這個年份不太對勁，似乎太早了一點。不過，等你想要提出更正確的年份時，29 這個數字已經深置於你的腦海中了，並且已經影響到了你的判斷。

結果你再怎麼努力，提出來的數字還是太接近西元 29 年，亞歷山大實際死於西元 323 年。

硬塞給你的「錨定點」

康乃爾大學的拉索教授，也曾向 500 名學生提出類似的問題，他的問題是：匈奴王阿提拉在哪一年戰敗？

拉索要求這些學生把他們自己的電話號碼最後 3 個數字，加上

400，當做這一問題的「基準」數字。

如果得到的和在 400 ～ 599 之間，這些學生猜測的阿提拉戰敗年份平均是西元 629 年。

如果得到的和在 1200 ～ 1399 之間，這些學生猜測的阿提拉戰敗年份平均是西元 988 年。

這些被試學生明明知道他們得到的基準數字毫無意義，可是這個數字卻仍然對他們產生了影響。

我們不妨把這些影響他們思維的參考數位叫做「錨定點」。

被試者得到的「錨定點」數位越大，他們所猜測的阿提拉戰敗時間也就越晚。

阿提拉實際是於西元 451 年戰敗。

當然，也許讀者會有疑問：被試者將自己電話號碼的最後 3 個數字加上 400，是否會讓他們產生誤解，覺得這是有意向他們提供某種暗示。

不會，因為電話號碼的最後 3 個數字，可能是從 000 到 999 的任意一個數字，這幫高智商的學生明明知道這些數字與問題毫不相干。

隨機數字也會影響你

特韋斯基和卡尼曼也曾經做過類似的實驗，他們找了一批學生，要求估計在聯合國裏面非洲國家佔有多大的百分比。

他們為此做了一個可以旋轉的「幸運之輪」，把它分成 100 格，分

別填上 1 到 100 的數字，並當著這些人的面轉動輪盤，選出了一個號碼。

當轉動這個輪盤之後，指標定在數字 65 上。下面你需要回答這樣一個問題：非洲國家的數量在聯合國國家總數中所占的百分比是大於 65% 還是小於 65%？

這是一個常識問題，略加思考就知道，非洲國家在聯合國國家總數中所占的比例肯定小於 65%。但是，非洲國家的數量在整個聯合國中占的實際比例是多少？

被試者給出的答案平均是 45%。

接著，卡尼曼又找了另一群學生問了同樣的問題。當這個輪盤停止轉動後，是 10，而不是 65。問：你認為非洲國家在聯合國國家總數中所占的百分比是大於 10% 還是小於 10%？

這是一個常識問題，略加思考就知道，非洲國家在聯合國國家中所占的比例肯定大於 10%。但是，非洲國家的數量在整個聯合國中占的實際比例是多少？

被試者給出的答案平均是 25%。

為什麼同樣的問題，兩種情況下得出的答案差距如此之大呢？當輪盤上出現的數字是 65 的時候，估計的百分比大約是 45%，而當輪盤上出現的數字是 10 的時候，估計的百分比變成了 25%，

這些人如果知道這個所謂的「錨定點」，對他們的答案有這麼大的影響，絕對會感到驚訝。

輪盤不論轉出什麼數位，都會卡在他們的潛意識裏。雖然他們明知這

個數字毫無意義，卻仍然據此對毫不相干的事物做出結論。

被試者明明知道：輪盤上出現的數字是隨機的，然而，他們給出的答案還是會受到先前給出的數字的影響——即使這些數字是無關的。換句話說，人們的答案「錨定」在先前給出的無關數字上。

在實際生活中，你可能想不到自己也經常認定某個數字或想法，並用它來影響你的經濟行為。

常識的陷阱

有許多腦筋急轉彎的問題都是利用了「錨定效應」。

給你一張紙，把這張紙對折了 100 次的時候，你估計所達到的厚度有多少？

許多人估計會有一個冰箱那麼厚或者兩層樓那麼厚。然而，經過電腦的計算，這個厚度遠遠超過地球到月球之間的距離。

因為人們的思維被錨定在紙是很薄的東西這個事實上了，覺得即使對折 100 次也還厚不到哪裡去。其實答案遠遠不止幾公尺。

假設一張紙的厚度是 0.1 公分，折疊 100 次的厚度大約是 1.27 乘以 10 的 23 次方公里，這是地球到太陽距離的 8,000,000,000,000,00 倍！

再看下面這個由卡尼曼設計的測試：

$8 \times 7 \times 6 \times 5 \times 4 \times 3 \times 2 \times 1$

$1 \times 2 \times 3 \times 4 \times 5 \times 6 \times 7 \times 8$

請在五秒鐘之內，不經過仔細的計算，估計 $8 \times 7 \times 6 \times 5 \times 4 \times 3 \times 2 \times 1$ 等於多少？

你的答案是……

現在你讓另外一個人（沒有做過上面的估計）在五秒鐘內不經過仔細的計算，估計 $1 \times 2 \times 3 \times 4 \times 5 \times 5 \times 7 \times 8$ 是多少？

他的答案是……

現在比較一下你估計的答案和另外那個人估計的答案。誰的答案大，誰的答案小？極有可能是你的答案大，而另外那個人的答案小，並且你們的答案可能都小於 40320（實際計算的答案）。

為什麼會這樣呢？

因為你和另外那個人對答案的估計都「錨定」在剛開始計算的幾步上，所以你估計的答案要大於另外一個人估計的答案，但可能都小於實際計算出來的答案。

再出一個題目供你思考：假定全世界有 50 億人口，平均每人血液是 1 加侖，那麼把全世界所有人的血液都存入一個立方體，這個立方體的邊長為多大？

答案是，立方體的邊長為 870 英尺。

訂婚戒指的預算

假如你要結婚或訂婚了，在訂婚鑽戒上的預算應該花多少錢比較合適？

金店的店員會告訴你的標準答案是「至少兩個月的收入」，這也是很多人所參照的標準。

這其實非常荒謬，因為按照情理，選購戒指的價格應該是你力所能及的範圍。但事實上，很多人默認了這個參考標準。

珠寶商人鼓吹這一標準，就是為了讓大家把兩個月收入當做一個最起碼的參照，就可以為他們這一行帶來更大的利益。

原來不想花這麼多錢的人，可能就會認為掏的錢少於這個錨定值，就會被看成小氣鬼，於是，他們就不知不覺地接受了這一標準。如今拍結婚照，用的也是類似的技巧，拍得千篇一律的結婚照，被錨定在一個價格上。有多少新人會真正覺得自己的結婚照物有所值呢？

在這方面，實際上有兩種不同的錨定，一種是有意的錨定，另一種是無意的錨定。

利用「錨定效應」操縱談判

多數人認為，在談判中最好讓對方先開價，這樣你就可以去估計對方的底價，可以擁有更多的資訊。但事實上，讓對方先開價，這個價格就會成為談判中的一個錨，即使你努力調整，也很難擺脫這個定位效應的影響。

有個收藏家看中了一件藝術品，但是賣主出價 10 萬元。雖然收藏家對這件藝術品志在必得，但卻不願多掏錢。

於是他讓自己的兩個朋友佯裝成顧客，先後到店裏去選古董。

第一個朋友將這件藝術品的價格「腰斬」了兩次，即開出了 2.5 萬元的價格。賣主說：「神經病，你根本沒有誠意買。」

不久，第二個朋友又去那家店，仍然開價 2.5 萬元，並表示至多出 3 萬元。賣主雖然又說：「太低了，我不可能賣給你。」但內心已經開始動搖。

這時候，收藏家出現了，他與賣主議價，依然只出 2.5 萬元。賣主告訴他，如果有誠意，9 萬元可以成交。但收藏家堅持至多出 5 萬元，最終就以 5 萬元成交。

一樁交易，雙方都難以估量其價值，如果你是賣家，就主動開價，而且開價越高越好，先發制人。

同樣，如果你是買家，也應該爭取先開價的機會，而且價開得越低越好，塞給對方一個「錨」。

殺價的藝術

《鏡花緣》裏有個君子國，該國人人以「自己吃虧、別人得利」為樂，市場上賣家力爭少要錢，買家力爭付高價，往往爭執不下，難以成交。

「君子邦」乃烏有之鄉，現實世界的交易報價往往是「獅子大開口」，倘不忍「殺價」，「被宰」的只能是自己。

類似地情形，如果你活在一個不太規則的商業氛圍裏，就要通曉梁實秋老先生的殺價藝術——要有殺人的膽量、釣魚的耐心、政治家的臉皮。

1：貨比三家，看見欲購之物，要處之淡然。看他缺什麼，你就說要

買什麼，店家沒貨，頓感尷尬。漫不經心地問及所需之物，賣家已慚愧在先，價錢自不敢高喊。

2：對所需之物，儘量用比較內行的話挑毛病，賣家出貨心切，自然又贏得殺價主動權。

3：殺價要狠。攔腰一砍，心慈手軟。有些賣家早就預料買家會「攔腰砍」，報價「虛頭」更高。對此要靈活拿捏。

4：狠得下心，還要說得出口。討價還價是耐心的較量，雙方互有妥協，賣家一分一文地減，你就一分一文地添。在商言商，無須恪守義無反顧，計不旋踵的氣節。還了價，店家不答應，你大可掉頭而去，若他請你回來，必是有妥協的意思；若不請，你又志在必得，就應有回頭的勇氣。

事實上，買賣雙方都在有意無意地運用「錨定效應」，試探、妥協。

「虛頭」與「虛擬價值」

如果顧客普遍「就地殺價」，那麼就算誠實的商家有時也不得不「漫天要價」。

對於一件顧客不是很熟悉的商品，如果標價 10000 元，顧客願意出多少錢購買？同樣的一件商品，如果標價 6000 元，顧客又願意出多少錢？

在標價 10000 元的情況下，買賣雙方在一番激烈的討價還價後，如果最終能以 7000 元成交，買家會很高興的。

因為你以 7000 元的價格買下了標價 10000 元的商品。而在標價 6000

元的情況下，買家是絕對不會以 7000 元的價格買下這件商品的。

買家在還價時往往「錨定」在標出的價格之上。如果標出的價格較高，買家在還價時就會給出了較高的價格，並因砍去了「虛頭」而頗有成就感。

我們再看一個行銷學概念——虛擬價值。

虛擬價值是商品對消費者炫耀、歸屬感等情感訴求的滿足。一個女人買「維多利亞的秘密」，顯然有更多的因素是為了它的虛擬價值去的。

由此我們可以得出一個重要結論：錨定效應可以提升商品，尤其是炫耀性商品的虛擬價值。

「地王」是樓市之錨

如果某塊土地的拍賣價格創下新高，動輒幾十億的天價。那麼這塊用來蓋房子的土地，就叫「地王」。

「地王」有區域「地王」，也有全國「地王」，「地王」是房價的一個錨定點。

有位新加坡商人透露玄機：「這就好比是一個大百貨公司，開了一家奢侈品店，賺不賺錢其實不重要，關鍵在於提升這個百貨公司的檔次。」

如果在「地王」上蓋樓，價格平均下來，每坪的土地成本就要幾十萬元。成本都墊高了，售價還會不漲嗎？

所以，「地王」每次出現，消費者的心理價位都悄然被抬高，周邊房價由此暴漲，進而帶動全市、全國房價暴漲。

從某種意義上講，「地王」多是用來拉高房價的，根本不是拿來蓋房子賣的，這就和「維多利亞的秘密」一個道理。有人說，「地王」其實就是地產商玩的把戲：

幾個開發商坐在一起商量，選個代表，各出一點錢給這位代表作為保證金，去參加拍賣會。讓這位代表出天價拍個地王。

這位代表在拍賣會上面不改色地叫出天價，連拍賣師都驚呆了，勸其謹慎，下面的地產商笑成一片。

於是，本市房價整體拉高了，但「地王」還是放著「曬太陽」。

政府說：趕快把餘款付了啊！你不是說買這塊地去蓋房子嗎？

開發商開始哭窮了：唉，你有所不知啊，我現在資金鏈斷了，保證金我不要了，土地你收回去吧！

買「地王」的保證金花了幾億元，房價卻整體拉高了幾十億元甚至數百億。買地王的保證金早已經賺回來了，地王也完成了它的「錨定」使命。

於是，政府收回去，再拍賣，新的地王又產生了……而在新售的建案中，沒有一個是使用當年的地王所建。

儘管上面這個說法有點陰謀論的味道，卻也不是空穴來風。經濟學家亞當・斯密在《國富論》早就說：「同行很少聚會，但他們的會談不是策劃一個對付公眾的陰謀，就是炮製出一個掩人耳目提高物價的計畫。」

當然，地王現象不能一概而論，有些開發公司拿「地王」，是有更積極的戰略考量的。

第四章：心理帳戶

——金錢的感情色彩

人們會賦予金錢不同的價值，貼上不同的標籤，放在不同的「口袋」。

如有必要，可用直升機撒錢。

——伯南克

追根究底，只有德國人才會認真談論「規規矩矩賺錢」。法國人講贏錢（gagner l'argent），英國人說收割錢（to earn money），美國人說造錢（to make money），而匈牙利人則是「我們到處找錢」。

——安德列・科斯托蘭尼

傳統經濟學認為，錢是沒有標籤的，錢就是錢，每一張相同面值的鈔票都是可以互相替代的。不管你這些錢是血汗換來的，還是刮獎券刮到的，或是馬路上拾到的。真是這樣嗎？

行為經濟學先驅理查・泰勒（Richard Thaler）提出的」心理帳戶」（Mental Account）理論，證明了這種論斷是錯誤的。

前景理論、錨定效應、泰勒的「心理帳戶」原理，共同構成了行為經濟學的三大基石。

你的「左口袋」是滿的嗎？

在賭城拉斯維加斯，流行一句口訣：永遠不要把左口袋裏的錢輸光了。

職業賭徒常用的風險控制手法是：把重要的錢和不重要的錢，分別放

在不同的口袋。比如把本錢放在右口袋，右手是負責支出的；把贏回來的錢放在左口袋裏，左手是負責收入的。這樣當右口袋一文不剩時，左口袋多少還能剩一點。

在電影《Lucky You》裏，「左口袋」不僅指重要的賭資，更是指一些更為重要的事物，比如親情、愛情。

左口袋的錢和右口袋的錢，一樣嗎？對於一個絕對理性的人來說，是沒有分別的。但是，一個正常人是不可能完全理性的。

你會給錢貼「標籤」嗎？

在人們的潛意識裏，會給錢貼上不同的「標籤」：血汗錢、辛苦錢、救命錢、意外之財、飛來橫財、黑錢、大錢、零花錢，等等。不同的錢，人們會賦予它們不同的價值。

心理帳戶：人們會根據錢的來路、存儲的方式或支付方式的不同，無意識地將金錢加以歸類，並賦予不同的價值，進行管理。

有句諺語：「人無外財不富。」外財，是意外之財。從字面上已經反映出，人們在不自覺地運用了「心理帳戶」，把錢分為理所應得的「內財」和天外飛來的「外財」。

「飛機撒錢」可行嗎?

消費率(spending rate),也就是經濟學家所謂的邊際消費傾向(marginal propensity to consume),消費率是指拿到手裏的錢所花掉的比例。例如,拿到 2000 元獎金,花掉了 700 元,花費率就是 35%。

很多人會覺得,花費率不會超過 100%,也就是每獲得一元,最多就只能花掉一元,其實不然。

中秋節,阿福任職的公司發給員工「紅包」——每位員工獎金 3000 元。雖然阿福平時不缺這 3000 元,但還是挺高興的。等假期結束時,阿福發現自己花出去的錢足足有 6000 元!

原來,阿福拿到「紅包」後,出手比平時闊綽了很多。他因為這筆意外之財,到餐廳或商場花錢都很大方,因為他心理上有恃無恐,老覺得有這 3000 元做後盾。他不僅把這筆補貼當做可以任意支配的意外之財,而且這種「樂觀的不謹慎」,使他不知不覺地挪用其他帳戶,把原來另有用途的錢也花掉了 3000 元。

一筆小額的意外之財,反而可能讓人破費更多,這是耐人尋味的現象。

為拯救美國經濟於水深火熱,美聯準會主席伯南克有句名言:「如有必要,可用直升機撒錢。」

對這句話,各人理解不同,用心理帳戶的原理來看,「飛機撒錢」也許真的能刺激消費,提振經濟。

大錢小花，小錢大花

大約 40 年前，以色列銀行的經濟學家麥可．蘭茲柏格（Michael Landsberger）研究了二戰後以色列人在收到德國政府的戰爭賠款後的消費問題。

研究對象是一群以色列人，他們都收到了一筆來自西德的賠款。這筆撫恤金是用來賠償納粹暴行的，但對被賠償者而言還是相當意外的。

每個家庭或者個人得到的賠款額相差懸殊，有的人獲得的賠款相當於他們年收入的 2/3，而最低的賠款大約相當於年收入的 7％。因此，藍茲柏格得以衡量這種意外收入，是如何影響每個人的消費率。

結果很讓人驚訝。拿到較多補償金的人（相當於他們年收入的 2/3），消費率只有大約 23％，其餘都存了起來。相反的，拿到補償金最少的人（相當於他們年收入的 7％），消費率達到 200％。沒錯，他們每拿到一元，不僅花得精光，還連帶地從積蓄裏再花掉一元。

人們會根據一次獲得的收入的多少，把這些收入放入不同的「心理帳戶」中。

不論拿的是獎金、退回的押金或禮物，金錢數目大小會影響消費率。一些原來可能歸入任意支配那個「心理帳戶」的收入，比如獎金或退回的押金，如果數額夠大，很可能會被轉入更重要的「心理帳戶」裏。

比如拿到的退款或紅包數額很小，像是幾百元，你很可能大手筆買一雙上千元的皮鞋。可是，如果拿到幾萬元的退款或獎金，你卻可能捨不得

浪費，雖然你實際上買得起更昂貴的鞋子。

越有錢，就越一毛不拔嗎？

生活中，常有這樣的怪現象，高收入者消費更謹慎，低收入者反而花錢大手大腳。

這種奇怪的現象，連心理學家都難以用三言兩語解釋清楚。收入稍高者，或本來就家境富裕的人，對如何打理財富會更用心。財富愈大，就愈讓人謹慎，「消費率」反而降低。

收入本就不多的「月光族」，則是嚴重奢華，這也就是孟子說的「無恆產者無恆心」。

所以出現了「大錢小花，小錢大花」的怪現象。光怪陸離的世相背後，其實是有規律可查的。

小處精明，大處浪費

有句英文諺語：penny wise and pound foolish. 可以翻譯為：小事聰明，大事糊塗；小處精明，大處浪費。

下面是筆者在某網站做了一個投票：

今天你要去面試，必須要帶個文件夾。家門口的百貨公司的文件夾賣110元一個，而離家1公里外的文具店，同樣的文件夾10元一個，你

會不會到文具店買文件夾？

今天你要去面試，必須要穿西裝。家門口的百貨公司的某款西裝賣10000元，而離家1公里外有另一家百貨公司，同樣的西裝賣9900元，你會不會到那一家百貨公司揀便宜？

在投票的150人中，有77%的人會去買便宜的文件夾，可是會為了西裝跑同樣一段路的人卻少得多，雖然兩者情況相同：為了省100元，多走1公里路。

這是「心理帳戶」所導致一種典型現象，行話叫「統合損失」（integrate losses）。普通人在碰到損失或必須做某種開支的時候，潛意識裏會把它們藏在更大的損失或開支裏，藉以逃避現實。因為「統合損失」而破財的事例，在生活中俯拾皆是。

莉莉有台舊筆記型電腦，上次出了故障，到維修店要花500元才能修好。她猶豫了，最後輾轉找了一個會修理的朋友修，儘管這樣也比較麻煩，因為要還人家人情。

莉莉這次要買一台價格為30000元的新筆記型電腦，推銷員說，只要再加1000元，就能把保修期從一年增加為兩年。

在幾個月前，她還嫌500元維修費太貴。但是，推銷員三言兩語就把她說動了，她心甘情願地多付1000元為一個未必會出現的故障買單。

莉莉之所以這麼捨得，罪魁禍首當然是「心理帳戶」：跟30000元比起來，1000元只是小意思。因此，多花1000元賭一個未必會需要的服務

固然讓人心疼，可是既然已經狠下心花 30000 元買新筆記型，就認定了一步到位。

當你花費 30000 元買一台筆記型電腦的時候，再多加 1000 元延長一年的保修期不會讓你心疼。你認為這沒什麼大不了的。

但是，長期浪費這種小錢，或是對各種小小的損失漫不經心，就極不應該了。如果將這些小錢加在一起，一定會讓你大吃一驚。商人眼裏，顧客絕非「上帝」，顧客只是人，理性有限、常出偏差的人。賣場在推銷比較昂貴的電器時，都會極力慫恿顧客購買長期保證或服務契約，就是看準了這點。除了這種時候，有誰會為電器買保險？同樣道理，賣保險的推銷員在鼓動顧客加買保險時，都會猛推銷利潤豐厚的「附帶保險」，否則有哪個頭腦清醒的人，會特別為年幼的孩子買壽險？

心理帳戶的利與弊

經過前面的閱讀，我們瞭解到，「心理帳戶」的弊端是很明顯的。其實，把錢分配到不同的」心理帳戶」中，並非全無好處。

「心理帳戶」可以讓我們更有效地為未來的目標而儲蓄。

畢竟，對許多人而言，錢都是透過自己的勞動換來的，可能是準備買房子的「房錢」，或是準備養老的「棺材本」。花錢再沒計畫的人，都會避免動用這些積蓄，因為他們把這些錢放在他們心中神聖不可侵犯的金庫裏。

有時，還可自覺利用「心理帳戶」應付小的不幸和損失。據泰勒說，他有位同事，也是大學教授。這位教授打算在年底慷慨地捐助某慈善機構。不過，他把這一年中發生的所有不愉快的事，比如超速罰款、投資損失的財產、救助窮親戚，都從捐助的預算中扣除，最後慈善機構只得到帳戶中剩下的錢。這樣，他從損失的晦氣中擺脫出來了。

對自己衡量金錢價值的體系進行一次全面檢討，才能一分為二地看待「心理帳戶」現象，從而消除它的不利因素。

你有劃分「心理帳戶」的傾向嗎？

心理帳戶現象是如此的自然而然，以致我們無法察覺。不妨做一做下面這個測試，請閣下盡可能如實作答，以期認清自我。

假定你花 300 元，買了一張演唱會的門票，到了會場門口，卻發現門票丟了。你會再花 300 元買票進場嗎？

假定你打算到了會場門前再買票，買票前卻發現丟了 300 元，不過你身上還有足夠的現鈔。你會不會照樣買票？

多數人在第一種情況下，可能掉頭而去，在第二種情況卻捨得再掏腰包，雖然兩者其實都是損失 300 元，而且必須再花 300 元，才能享受預期的娛樂。可是，大多數人碰到這兩種情況，反應似乎不太一樣。他們覺得在第一種情況下，等於是買兩張票，每次花 300 元，總共花掉 600 元。即使是看到了心儀的明星，花這麼多錢似乎也不值得。但是，掉了 300 元現

金，再花 300 元買票，在大多數人看來是兩碼子事，可以算是兩筆帳。

這種依情況不同，用迥然不同的方式看待兩個基本上相同的損失，正是劃分「心理帳戶」典型的例子。

以下這些跡象可能顯示你有劃分「心理帳戶」的問題：

◆ 銀行有存款，但信用卡卻有循環債務。

◆ 覺得自己並沒有亂花錢，卻老是存不了錢。

◆ 不會亂用積蓄，可是一有意外之財就花個痛快。

◆ 用信用卡花錢購物，似乎比用現金更大方。

延伸閱讀

行為經濟學的精髓是什麼

理查 · 泰勒是傳統經濟學博士出身，但他畢業後轉身研究行為經濟學。從某種意義上講，泰勒是行為經濟學的正式開創者。泰勒的研究主要集中於心理學、經濟學等交叉學科，屬於「經濟學帝國主義」的開疆拓荒者，被認為是現代行為經濟學和行為金融學領域的先鋒經濟學家，並且在儲蓄和投資行為研究具有很深的造詣。

泰勒教授現執教於芝加哥大學商學院，同時在國民經濟研究局（NBER）主管行為經濟學的研究工作。

在現實生活中，行為經濟學已經在學術界和商業界形成了一股強大的力量，連國家經濟政策都要受其指導。例如，泰勒曾就美國人的儲蓄習慣向參議院財政委員會提供分析。美國的儲蓄率只有 4％左右，而日本的儲蓄率卻超過 15％，泰勒解釋這與美國人的「劃分心理帳戶」有關。泰勒認為，人類對風險的感知，和實際存在的風險不對稱，這是行為經濟學的精髓所在。

比如說，相較開車去一個地方，人們可能比較害怕乘飛機，但實際上，飛機的安全係數較高。

但是多數人們並沒有意識到這一點。

泰勒認為，大部分危機產生的原因，都同下述情形類似：當人們看到房產價格上漲非常快，那麼就誤以為這種上漲會一直持續。事實上，當價格上漲非常快的時候，就要有相應的心理準備，因為它的下降速度也會非常快。

第五章：賭場原理

——莊家恆贏之玄機

利用人們的心理盲區，是賭場賺錢的依據。

一個人如果不能平靜地面對損失，就很可能參與他本來不會接受的賭博。

——卡尼曼 & 特韋斯基

當人們參與那些看似吃虧不大的資金交易時，財富轉移就發生了，拉斯維加斯就是靠這種財富轉移發家的。

——華倫 · 巴菲特

有一些風水師說，澳門葡京酒店的風水玄機暗藏，而且賭王何鴻燊在其四姨太的房子上裝的那隻鐵公雞對賭客也非常不利。

何鴻燊聽了很生氣，在新聞頻道闢謠：「誣賴葡京的設計對賭客是壞風水，對莊家是好風水，全是假的。那麼多風水專家還不是一樣破產？」

賭王是否真的相信風水，不能確定，但有幾樣東西，賭王是一定相信的。

哪幾樣？且看下文。

輸了 5 美元，還是 2.62 億美元

據說，愛因斯坦在研究過輪盤後講了一句話：「輪盤想要贏錢，只有一條途徑，那就是搶。」不過呢，這裏有一個「超好運」，差一點就贏了

輪盤的故事，我們透過它來繼續談心理帳戶問題。

一對新人來到賭城拉斯維加斯度蜜月。剛到酒店安頓好，夫婦倆便踏進賭場體驗刺激。

在那裏，他們迷上了賭輪盤。三天後，他們把身上的 1000 美元賭本輸了個精光。

是夜，新郎躺在床上輾轉難眠。突然，他發現梳粧檯上有個東西在閃閃發光。他湊上前去，發現還剩下一個留做紀念的 5 美元籌碼。

奇怪的是，新郎此時腦海中不斷出現「17」這個數字，他覺得這是上天給的啟示。於是，他披上睡袍，趿著拖鞋就到樓下去找輪盤賭桌。

他把 5 美元籌碼押在「17」這個數字上。果然，小球就落在了「17」上，他得到了 175 美元。繼而他又把贏來的錢全部壓在了「17」上，結果又贏了，這回莊家賠了 6125 美元。

真是不可思議，新郎一直這樣賭下去，贏了 750 萬美元。

這時，賭場不玩了，經理把他請到辦公室說，如果再開出 17，賭場就賠不起了。

財星高照的新郎怎肯就此罷手？

新郎於是兌換了錢以後，直奔市區一家財力更雄厚的賭場。

自然，輪盤上的小球居然又落在了「17」上，莊家為此賠了 2.62 億美元，他樂昏了頭，乾脆來了一場空前的豪賭，把這筆鉅資都壓在了「17」上。

結果，這次小球停得偏了一點，開出了「18」。

一輩子做夢都想不到的巨額的財富，就這樣被他轉瞬間輸得精光。新郎已經身無分文了，只好垂頭喪氣地走回了酒店。

他一進房間，新娘就問：「你到哪裡去了？」

「去賭輪盤。」

「手氣怎麼樣？」

「還好，只輸了 5 元。」

試問，這位新郎是輸了 5 美元，還是 2.62 億美元？

蕉鹿自欺

中國古代的典籍《列子》中，就有一則類似的故事。

有個鄭國人在野外砍柴，忽見一隻受傷的鹿跑過來。這人乘機趕上去，一扁擔將它打死了。他怕獵人追來發現，就把死鹿藏在一個窪坑裏，在上面覆了一些蕉麻，藏好以後，就若無其事地繼續砍柴。天快黑了，並沒有什麼人來，他很高興，就準備把死鹿連同砍得的柴，一塊挑回去。可是，這時他忘了藏死鹿的地方，只記得那上面覆蓋著蕉麻，找來找去，到底沒有找到。最後他想：「恐怕我根本並沒有打到過什麼鹿，也根本沒有把它藏在什麼蕉麻下面，一定是我做了這麼一個夢罷了！」

而在日常的經濟生活中，糊裏糊塗，自己欺騙自己的事情卻是一點也不新鮮。

「心理帳戶」常常導致一種最錯誤的理財行為——有時會把某些錢看

得不值錢，視為「外財」。

新郎自以為是輸了 5 美元，不過是「蕉鹿自欺」罷了。

新郎把賭博的本錢放在一個心理帳戶，把從賭場贏來的錢放在另一個心理帳戶，其實這些錢都是他的。那位新郎輸掉的不是 5 美元，而是 2.62 億美元！

新郎「超好運」的故事，只是諸多賭場傳說中的一個，但不少美國人相信是真實的。現代賭場的風險控制已經非常完善，這種事件已經不會再發生了。

「莊家的錢」效應

拋開財富來路的道德因素不談，辛苦賺的錢也好，天降橫財也罷，都是你的錢，在你買東西的時候，效用是完全一樣的。

新郎當天晚上是用 5 美元賭本起家的，所以覺得無論怎麼輸，最多也就輸 5 美元。

基於這種心態，在他運氣好時贏的錢，彷彿都不是真錢，至少不是他的錢。在賭場裏，他覺得這是在玩別人的錢，即便輸了也不當回事。如果新郎明白「心理帳戶」原理，他就會明白，那些錢其實都是他的。贏來的錢，與辛苦賺來的錢完全一樣。在他購物的時候，商家絕不會問他錢是血汗換來的，還是在賭場贏的。

很遺憾，這位新郎和其他平庸的賭徒一樣，覺得這些錢與其他收入大

不一樣，所以也就毫不在乎、一擲萬金，不能見好就收。那晚的豪氣足以令他在以後的日子裏更加追悔莫及吧。

威廉・江恩講過股票大炒家傑西・李佛摩的故事。江恩說，傑西・李佛摩是位誠信之士，他雖然屢屢破產，但只要恢復元氣，一定還債。

機敏的傑西・李佛摩逃過了 1929 年股市大崩盤。當時他雇傭 40 名「統計員」作為助手，在沒有電腦的情況下，對下跌和上漲的股票家數進行計算。在他們廣泛選取的 1002 支股票中，有 614 支同一時期下跌，只有 338 支上漲，儘管工業指數成分股漲勢喜人，傑西・李佛摩已預感到大事不妙，立即撤退。

但是，傑西・李佛摩的最大的弱點在於：他除了學習如何賺錢之外，什麼都不學。他從不學習保存資金的方法。他貪婪、野心勃勃，所以當他賺了一大筆錢以後，就不再穩妥地進行交易。他試圖讓市場跟著他的意願走，而不是等待市場自然地轉勢。

這也是所有最終失敗的大炒家的通病，當他們賺到大錢後，就忘卻了遇事小心謹慎的成功之道，變得過度交易，沒考慮意外的出現，忘乎所以，最後市場經常只有他一個輸家，其他都是贏家。

傑西・李佛摩在 1934 年再次破產後又賺了錢，最後卻在徹底破產狀態下自殺了。

翻本心態

假設有這樣一個合法賭局，拋擲一枚均勻的硬幣，正面為贏，反面為

輸。如果贏了可以獲得 50 元，輸了失去 50 元。

1：請問你願不願意賭一把呢？

2：假如前面你已經贏了 100 元，現在你還會賭嗎？

3：假設你之前輸了 50 元，你又會怎樣選擇？

同樣是賭一把，對你來說是否會不一樣呢？

大部分人在一種情況下會選擇賭一把，在另一種情況下卻選擇放棄。

這個賭局的期望值沒有變，風險和收益也沒有變，變的只是人們對風險的反應。

「莊家的錢」效應：人們在贏錢之後，就願意冒更大的風險，人們覺得，反正這是玩別人的錢。泰勒稱之為「莊家的錢」（house money）效應。

吉姆‧羅傑斯講過，在股票市場裏很多人都犯同一個錯誤：「買了某種股票，看它漲了，就以為自己聰明能幹。他們覺得買賣股票容易得很。他們賺進了很多錢，就迫不及待地開始尋找其他投資。」其實這個時候他們應該什麼都不做。自信心會導致驕傲，最終導致狂妄自大。其實此時你真的應該把錢存進銀行，到異地去玩上一段時間，直到自己冷靜下來。因為好機會本來就不多，更不會接踵而來。但是，你並不需要很多好機會，如果你不犯太多錯誤的話。

「蛇咬效應」（風險厭惡效應）在經歷了虧損之後，人們會變得更加不願意冒風險。賭家在輸錢之後通常會拒絕賭博，感覺像被蛇咬了。所謂「一朝被蛇咬，十年怕井繩」，泰勒稱為「蛇咬效應」。

加倍下注效應失敗者並不總是風險厭惡者。很多輸錢的賭家會採取要嘛加倍下注、要嘛不賭的策略。加倍下注的輸家比拒絕再玩的輸家反應更加極端，他們幻想一舉撈回所有的損失。

在賭桌上，很多賭家會受到情緒的影響。贏錢了，會激起他贏更多的欲望；輸錢了，又喚起他不顧一切要撈回來的報復心。

賭場對賭家的心理很有研究。一些賭場的「荷官」（賭台發牌員）會利用賭客的非理性，用語調、手勢來刺激賭家下注。所以，有些賭家在失利的時候賭注反而下得更大。

沉沒成本謬誤

撈本心態，不僅出現在賭場上，還出現在現實生活中。

沉沒成本（Sunk-cost），是指沒有希望撈回的成本。沉沒成本又叫非攸關成本，追加投入再多，都無法改變大勢。

從理性的角度思考，沉沒成本不應該影響決策。但芝加哥大學經濟學家理查·泰勒（Richard Thaler）博士透過一系列研究，證明人的決策很難擺脫沉沒成本的影響。

你在生活中有過類似下面測試的經歷嗎？

你預訂了一張話劇票，已經付了票款，且不能退票。看話劇的過程中，你感覺很乏味，而有兩種可能結果：

A：忍受著看完。

Ｂ：退場去做別的事情。

此時，你付的成本已經不能收回，就算你不看話劇，錢也收不回來，話劇票的價錢算作你的沉沒成本。

如果將就到終場，就等於在看一齣爛話劇的時候，又損失了看一齣好話劇的時間。

如果你是理性的，那就不該在做決策時考慮沉沒成本，應立刻起身退場，去做更有意義的事情。

釣魚工程

釣魚工程，是騙子針對普通人的沉沒成本謬誤，所進行的一種商業訛詐行為。一些企業先以低價奪標，而後，在合約訂立和施工中透過種種手段迫使投資方增加工程款項。

釣魚工程常常是以低價工程為餌、沉沒成本為鉤、要脅手段為魚線，是一種非常無賴的做法。

承認失敗方可終止失敗

對企業而言，沉沒成本謬誤常引導決策者對錯誤的投資不斷加碼。因為他們認為，若不這麼做，過去投入的成本豈不白白浪費。

沉沒成本謬誤也會出現在經濟和商業決策制定過程中。最典型的是

「協和謬誤」。

　　當年，英國、法國政府不斷地為「協和式飛機」追加投資，其實，兩國政府都知道，這種飛機沒有任何經濟利益可言。這個專案被英國政府私下叫做「商業災難」，本就不該開始，但由於一些政治、法律問題，兩國政府最終都沒有脫身。

預設輸贏的上限

　　在投資中，設定一個止損點（輸錢的上限），可為你在失敗的時候，留下一個允許自己反思錯誤的空間。

　　不妨細想，上回你損失大筆金錢的時候，是否因為無法控制來自心中的「誘惑」？想想身邊有多少不懂得應付「誘惑」的人，終因貪念導致鎩羽而歸。

　　說來容易，做來難。多吃不宜健康，這道理誰都懂，可是在自助餐廳吃八分飽就走的還是少數。傾家蕩產買股票的事情不算稀奇，但賣房子、甚至搶劫來賭博的事情居然也經常發生。

　　撈回賭本的誘惑，會讓人變得喪心病狂。

　　買股票也好，買彩券也好，必須為克服「人性的弱點」準備一套風險控制措施，預設輸贏的上限，不可貪圖贏取更多的錢或討回損失的錢而超越這個上限。

　　「屢敗屢戰」或許精神可嘉，但虧的卻是錢財。久賭必輸。上癮的賭

徒，只是一種幻想自己必贏，表現卻堅決失敗的病態的人。

你會利用「心理帳戶」嗎？

如果你不是一位職業玩家，就完全可以把賭博看成一種高風險的娛樂，把輸錢看成是為此而付出的費用。

賭是娛樂，娛樂付費，天經地義。你願意為這種「消費」掏多少錢，要有清醒的認識。比如，你只願意付 50 元的娛樂費，那麼輸錢到 50 元的時候，就應該起身，不要戀戰，不要加碼，趁早收手。這樣你就不會因為賭錢傷害家庭，更不會投下足以摧毀自己的大數目。

賭癮疫苗

曾有人問何鴻燊，有什麼要勸告世人的，賭王告誡說：「不賭即是贏。」人類都進入二十一世紀了，仍有人癡迷於賭博，不能自已，大量的賭家不停賭下去，就構成了一個大的行為基數，賭場就是靠大數法則賺取穩定的利潤。

如果，你看透了賭博背後的機率法則，每次下注時，還會有那麼刺激嗎？

如果，人人都懂機率，那麼人人都是職業賭家，全世界賭場都將歇業。賭場之所以能夠存在，就是因為大批機率盲的存在。

只有科學的機率知識，才能消解與生俱來的賭博衝動，這樣的心理防

線才是牢不可破的。從本質上認識賭場，就如同接種了賭博疫苗，從此有了抗病態賭博的免疫能力。

為什麼「久賭神仙輸」

久賭神仙輸，常贏必出術。如果不作弊，賭家幾乎沒有常贏的機會。號稱賭神，多數是靠運氣卻自以為理解了賭博奧妙的人。賭場恆贏，並不是因為更精通作弊的技術，就算是正規的合法賭場，賭客也註定久賭必輸。

根本原因有四：

「莊家的錢」效應。有不計其數的業餘賭家有著和案例中的新郎一樣的心態，在贏錢的情況下，即使牌差也敢下注，這叫「莊家的錢」效應。這些業餘賭家的這一心理偏差，是賭場最主要的利潤來源。

莊家優勢。有涉及賭家與賭場對賭的賭戲，其規則是讓賭場佔有輕微優勢，令賭場的期望收益率略為大於零，只要長期玩下去，贏家必是賭場。正如薩繆爾森所言，博彩業本質上是娛樂業。賭家是在遊戲，娛樂付費，是應該的。輸錢，天經地義。

賭家相信的是運氣，賭場相信的是數學。這是愚昧與科學的對決。一位賭家曾經問數學家帕斯卡，為什麼他總是輸，帕斯卡回答：「你在賭桌旁邊的時間太長了。」帕斯卡的回答雖然簡單，卻是真理。

大數法則。我們在第 6 章討論。

第六章：小數法則

—— 無視先驗機率

大數法則是賭場恆久穩定賺錢的數理依據。

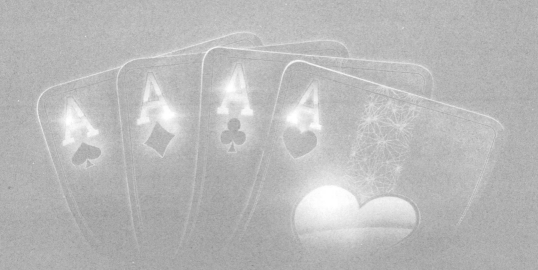

地球上每一秒鐘都會有一個傻瓜產生。

——蕭曼・巴納姆

癘氣所中，必加短命之人；凶歲所著，必饑虛耗之家。

——王充《論衡》

二戰時的一個冬夜，德軍轟炸莫斯科。有一位教統計學的老教授突然出現在防空洞裏，以前他從不屑於鑽防空洞的。他的名言是：「莫斯科有800萬人口，憑什麼會偏偏炸到我？」

老教授的出現讓大家甚感訝異，問他怎麼會改變決心的。

教授說：「是這樣的，莫斯科有800萬人口和一頭大象，昨天晚上，他們炸到了大象。」

大數法則

一位數學家調查發現，歐洲各地男嬰與女嬰的出生比例是22：21，只有巴黎是25：24，這極小的差別使他決心去查個究竟。最後發現，當時的巴黎的風尚是重女輕男，有些人會丟棄生下的男嬰，經過一番修正後，依然是22：21。

人口比例所表現的，就是大數法則。

大數法則（Law of large numbers）又稱「大數定律」或「平均法則」。在隨機事件的大量重複出現中，往往呈現幾乎必然的規律，這類規律就是大數法則。在試驗不變的條件下，重複試驗多次，隨機事件的機率近似於它的機率。

大數法則反映了這世界的一個基本規律：在一個包含眾多個體的大群體中，由於偶然性而產生的個體差異，著眼在一個個的個體上看，是雜亂無章、毫無規律、難於預測的。但由於大數法則的作用，整個群體卻能呈現某種穩定的形態。

花瓶是由分子組成，每個分子都不規律地劇烈震動。你可曾見過一只放在桌子上的花瓶，突然自己跳起來？

電流是由電子運動形成的，每個電子的行為雜亂而不可預測，但整體看呈現一個穩定的電流強度。

一個封閉容器中的氣體，它包含大量的分子，它們各自在每時每刻的位置、速度和方向，都以一種偶然的方式在變化著，但容器中的氣體仍能保有一個穩定的壓力和溫度。

某個人乘飛機遇難，機率不可預料，對於他個人來說，飛機失事具有隨機性。但是對每年 100 萬人次所有乘機者而言，這裏的 100 萬人可以理解這 100 萬次的重複試驗，其中，若有 10 人死於飛行事故。那麼根據大數法則，乘飛機出事故的機率大約為十萬分之一。

這就為保險公司收取保險費提供了理論依據。對個人來說，出險是不確定的，對保險公司來說，眾多的保單出險的機率是確定的。

根據大數法則的定律，承保危險的單位越多，損失機率的偏差越小，反之，承保危險的單位越少，損失機率的偏差越大。因此，保險公司運用大數法則就可以比較精確地預測危險，合理保險費率。

小刀鋸大樹

賭客久賭必輸的另一個秘密，即大數法則。

賭王何鴻燊剛剛接手葡京賭場的時候，業務蒸蒸日上。賭王居安思危，請教「賭神」葉漢：「為什麼這些賭客總是輸，長此以往他們不來賭怎麼辦？」

葉漢笑道：「這世界每天都死人，你可見這世上少人？」

葉漢的回答甚妙，道出了一條無論是保險公司、賭場還是騙徒，都信仰的法則——大數法則。賭場本質上是一種溫和的「機率場」，機率法則非常明顯。一直玩下去，大數法則的作用就會日益顯現出來。

前面我們說過，莊家在規則上佔有少許優勢，玩的次數越多，這種優勢越能顯現出來。

一天，一位富豪入住葡京酒店。

富豪找到賭王，說：我就和你玩一把擲硬幣。出正面我給你50億美元，出反面你的賭場歸我。

賭王呵呵一笑：這個遊戲固然公平，但不符合我們博彩業的行事法則。我們開賭場不做一錘子買賣，而是小刀鋸大樹。如果你真的想玩，我們就玩擲骰子，一千局定輸贏。你贏了，可以把我的產業拿走，我贏了，只收你 20 億。

富豪無奈，只好退出賭局。

這個故事是虛構的，旨在說明大數法則之於賭場的意義。

開賭場不做一錘子買賣，而是「小刀鋸大樹」。

所以，賭場最歡迎的是斤斤計較、想碰一下運氣的散客，他們雖然下注謹慎，卻構成了龐大的行為基數。這種客人會給賭場老闆帶來幾乎線性的穩定收益，是賭場最穩定的收入來源，這是大數法則在發揮作用。

還有一種是一擲千金、豪氣干雲的大賭客，他們的下注額若在賭場的風險控制範圍，也很難從賭場贏錢，通常，他們也會成為賭場的 VIP 客戶。

假如有一個超級賭客，比如上面虛構故事中的富豪。他的賭注超過了普通賭客的千倍、萬倍，這會導致賭場收益的大幅震盪，在極端情況下可能導致賭場破產。

因此，全世界所有賭場都會設定最高的投注限額。賭場設最低及最高的投注限額，即便「超好運」的事故發生，也不至於讓賭場虧太多。這樣，賭場老闆就可以安心睡覺了。所有的 VIP 加起來，等於莊家和客人玩了一場長期遊戲，大數法則依然有效。賭場最不歡迎的，是深諳各種規則，處心積慮地想占賭場便宜的職業賭客。

「撞騙」的數理依據

「撞騙」，是一種傳統騙術。版本甚多，比如寄中獎信、打中獎電話、發電子郵件。也就是騙子像沒頭蒼蠅一樣亂撞，或許能「瞎貓碰到死老鼠」。

是不是覺得騙子很蠢？但騙徒的行為卻是合乎統計原理的，在數理上是被支持的。

只要發出的詐騙簡訊足夠多，其成功率非常穩定，合乎大數法則。

有人曾做過統計，類似這種垃圾簡訊，每發出一萬條，上當的人有七到八個，成功率非常穩定。一萬個人裏面，總會有幾個「害人精」，幾個笨蛋，這是可以確定的。當然，也肯定會有幾個愛惡作劇的人。有人收到這種簡訊，會忍不住打電話調戲騙子。

究其根源，都是由於大數法則的作用。在社會、經濟領域中，群體中個體的狀況千差萬別，變化不定。但一些反映群體的平均指標，在一定時期內能保持穩定或呈現規律性的變化。

大數法則是保險公司、賭場、撞騙的騙徒，賴以存在的基礎。

廣結善緣

大數法則不僅是保險精算中確定費率的主要原則，它還是業務員的制勝之道。

大數法則用在業務員的人脈管理上，就是結識的人數越多，預期能夠帶來的商業機會的比例越穩定。

比如說，一個推銷員給自己定下任務，每年結識 300 個客戶或潛在客戶，並把關係維繫好。那麼，三年後，他就有接近一千個「樣本」。

如果 100 個客戶裏會有 3 個長期客戶，三年後，他就有大約 30 個能給他帶來穩定收益的老客戶。

鳥瞰紅塵，人海茫茫中，卻均勻地分佈著你的貴人。

無視樣本大小

30 多年前的一個下午，在芝加哥的一間咖啡館裏，特韋斯基和約翰・杜伊教授在悠然地喝著咖啡。特韋斯基貌似無心地問：

有兩家醫院，在較大的醫院每天都有 70 個嬰兒出生，較小的醫院每天有 20 個嬰兒出生。眾所周知，生男生女的機率為 50％。但是，每天的精確比例都在浮動，有時高於 50％，有時低於 50％。

在一年的時間中，每個醫院都記錄了超過 60％的新生兒是男孩的日子，你認為哪個醫院有較多這樣的日子？

我們知道，大數法則需要很大的樣本數才能發揮作用，基數越大，就越穩定。隨著樣本的增大，隨機變數對平均數的偏離是不斷下降的。所以，大醫院更穩定。這一基本的統計概念顯然與人們的直覺是不符的。

杜伊先生果然鑽進了圈套，他認為較大的醫院有更多超過 60％的新

生兒是男孩的日子。

一個整天向學生灌輸大數法則的教授，自己居然不相信大數法則！

普通人又如何呢？

特韋斯基後來把這個問題做了嚴格的實驗。22%的受試者認為較大的醫院有更多這樣的日子，而56%的受試者認為兩個醫院有相等的可能性，僅22%的受試者正確地認為較小的醫院會有更多這樣的日子。

小數法則

大數法則是統計學的基本常識，有人稱為「統計學的靈魂」。大數法則雖然威力無窮，普通人卻因其貌不揚而忽視。

針對人們在思考時常常無視大數法則的現象，特韋斯基提出了「小數法則」的概念。「小數法則」不是什麼定律或法則，而是一種常見的心理迷思。

用錯誤的心理學「小數法則」代替了正確的機率論大數法則，這是人們賭博心理大增的緣由。

小數法則是一種心理偏差，是人們將小樣本中某事件的機率分佈看成是總體分佈。人們在不確定性的情形下，會抓住問題的某個特徵直接推斷結果，而不考慮這種特徵出現的真實機率及與特徵有關的其他原因。

小數法則是一種直覺思維，很多情況下，它能幫助人們迅速地抓住問

題的本質推斷出結果，但有時也會造成嚴重的偏差，特別是會忽視事件的無條件機率和樣本大小。

小提醒：

大數法則是一種統計定律；小數法則是一種心理偏差。

大數法則是一種科學；小數法則是一種迷信。

大數法則是中性詞；小數法則是貶義詞。

股神大哥的預測模式

行為經濟學家馬修・羅賓曾假設：如果你是一位投資者，你親見一位基金經理在過去兩年中的投資業績好於平均情況。你是否就會得出這位經理要比一般經理優秀的結論？

然而真實的統計意義非常微弱。讓我們來看看股神大哥的預測模式。

第一周發 10000 則簡訊，股神大哥預言某支股票的漲跌。其中5000 則說某支股票漲，5000 則說跌。

第二周股神大哥向其中說對的 5000 人再發一則簡訊，其中 2500 則說某支股票漲，2500 則說某支股票跌。

第三周他再向說對的 2500 人發簡訊，其中 1250 則說某支股票會漲，

1250 則說某支股票會跌。

最後有 1250 人，發現這位股神大哥連續 3 次說對某支股票的漲跌，簡直太崇拜了。其中有 500 人真的把錢交給他投資了。當然，如果賺錢是要分成的。

股神大哥拿到錢後會做什麼呢？他會給這 500 個不同的帳戶各買一支股票，儘量讓這些股票各不相同。一段時間過後，股票有的漲，有的跌。

如果一個人的帳戶買了一支漲的股票，他對所謂的股神就會更加信賴，甚至還會追加投資。

假如碰到一個大牛市，大部分時間裏，大部分股票上漲機率大大超過下跌。因此，股神大哥的這種模式是非常有錢途的。

假如來了個大熊市，大部分股票在大部分時間下跌超過上漲，股神大哥也是不用負責，大不了退出江湖而已。

賭客謬誤

小數法則的經典表現就是「賭客謬誤」。

李太太一連生了五個女兒。

李太太：希望我們下一個孩子是男孩。

李先生：親愛的，都生了五個女兒了，下一個肯定是兒子。

李先生對嗎？

眾所周知，擲硬幣正、反面出現的機率為 50%，在擲硬幣遊戲中，如果前幾次大多數出現正面，那麼很多人會相信下一次投擲很可能出現反面。這就是賭客謬誤（gambler's fallacy），也是很多賭客信心大增的原因。

賭客謬誤的產生，是因為人們錯誤地詮釋了「大數法則」的平均律。投資者傾向於認為大數法則適用於大樣本的同時，也適用於小樣本。

賭博是隨機事件。

一枚硬幣，連出三把都是正面，那麼下一把出反面的機率仍然不會大於 50%。

從理論上講，硬幣也好，骰子也好，既沒有記憶，也沒有良心，機率法則支配一切。

隨便到一家合法的賭場，就能看到這種賭客「猜正反面」的現象：

連輸幾次就該贏了

連出幾次紅就感覺該出黑了

連出幾次莊就以為該出閒了

連出幾張小牌肯定該出大牌了

……

這是很多賭客感覺能戰勝莊家的理論依據，甚至很多有學問的賭徒寫的「賭經」，都明顯帶有這種錯誤。你可曾見賭客拿本子記錄百家樂出閒和莊？賭癮甚至可以讓一個天資平庸的賭徒變成統計學教授。

連拋 100 下硬幣，會一直出正面嗎？

在《黑天鵝》一書中，作者尼可拉斯 · 塔勒布向兩個虛構人物請教一個問題。一個是「肥佬湯尼」，一個粗俗的，靠投機鑽營致富的傢伙，一個是博士約翰，一位誠實的學者。

尼可拉斯：假設硬幣是絕對公平的。連續拋出 99 次，每次都得到正面。我下一次得到反面的機率有多大？

約翰博士：「超簡單！當然是 50%，因為你假設硬幣是絕對公平的。」

尼可拉斯：「湯尼，你認為呢？」

肥佬湯尼：「很顯然，不會超過 1%。」

尼可拉斯：「為什麼？我最初假定硬幣是公平的，每面都有 50% 的機率。」

肥佬湯尼：「這遊戲是不公平的，這枚硬幣裏一定做了手腳。誰相信所謂「50%」的說法，他要嘛是個草包，要嘛是個大草包。」

尼可拉斯：「但約翰博士說是 50%。」

肥佬湯尼趴在在尼可拉斯耳邊小聲說：「我在銀行當保安的時候，就曾經和這類傻瓜做同事，你可以利用他們賺大錢。」

肥佬湯尼認為，在硬幣連拋 99 次，每次都得到正面的情況下，絕對均勻的假定是虛構的。而約翰博士的回答可能代表了教科書的標準答案。

在某個聚會場合，筆者曾向朋友 Jay 請教過這個問題。

一枚絕對均勻的硬幣，絕對公平地擲出。連續 99 次都是正，接下來

要再擲出一次，你認為出正的機率大，還是出反的機率大？

A：出正機率大

B：出反機率大

C：各占 50%

Jay 是某著名大學的計量金融學博士，他很謹慎地選擇了 C。

此時，另一位朋友插進話來，非常確定地選擇 C。

筆者問：「為什麼呢？」

這位朋友說：「因為我是教統計學的老師，並且這種事件，歷史上真的曾經發生過。」

筆者：「那些錢幣應該是兩面都是正吧？」

教統計學老師：「嘿嘿，是的。」

這位講師朋友所謂的曾經發生的事件，是一般機率課上都會講到的一個典故。

宋朝大將狄青受命平叛。當時朝廷中主和、妥協派勢力頗強，狄青所部亦有些將領怯戰。

狄青起兵祭旗，他手捧 100 枚銅錢，對眾將士說，如果我扔下的 100 枚銅錢都是正面朝上，則必定是上天恩賜，讓我們大勝而歸。

許多將軍都勸狄青不要這樣做，狄青堅持。當他把 100 枚銅錢扔到地上時，眾將士都不相信自己的眼睛，奇蹟發生了，100 枚銅錢全正面朝上。於是，士氣大振。

狄青令人將 100 枚銅錢釘在地上，派重兵把守，若有人翻動銅錢，格殺勿論。

當狄青獲勝班師回朝，把銅錢收回時，有一些將士才發現，這 100 枚銅錢兩面都是正面。

理解了賭客謬誤的人，會不會渾然不覺地犯一種「學者的謬誤」呢？這同樣是一種「小數法則」。

假設在某個場合，一個陌生的美女邀請你猜硬幣。她讓你猜，拋一次硬幣會出現反還是正？賭注為 100 萬元。

她發誓，她遞給你的硬幣是絕對均勻的。

你將信將疑地看著這位美女，怎麼證明她的話是實話呢？

你說，在賭博之前先拋 10 次先驗證這枚硬幣。

於是在你連拋了 9 次硬幣，結果，這枚硬幣 9 次正面朝上。

你：「這枚硬幣一定是動了手腳！」

這個陌生的女人又遞給你一本統計學教科書，書上說，拋 10 次，9 次朝上，這種不平衡的結果發生的機率還是滿高的。

儘管你的疑心加重了，但你還是相信教科書不會錯的。

於是，你要求再拋 100 次硬幣來檢驗。

你拋了 99 次，每次都是正面朝上！

這本統計學教科書又告訴你，100 次拋擲中 99 次正面朝上的可能不是沒有，但其機率是如此微小，以至於你費了好大勁兒才數清小數點後零的個數。

那麼，你會和她賭嗎？

如果賭，你賭正面贏，還是賭反面贏？

如果你賭正面贏，其實就等於認為這個硬幣出正面的機率大，你冤枉了一個從理論上講是誠實的女人。

延伸閱讀

雅各與大數法則

雅各．貝努利（Jacob Bernoulli）1654 年生於瑞士，他沒有遵照父親的意思去當律師或經商，而是自學成為了一名數學家。

雅各生活的時代，是一個能人輩出的時代。如約翰．阿布斯諾特，他是一位御醫，同時他還是一位業餘數學家。他對機率十分感興趣，用豐富的病例來闡述他的觀點。在他的一篇論文中，他研究了「20 歲的婦女是否有處女膜」的機率以及「20 歲的花花公子沒得淋病」的機率。

這種學術風氣，促使雅各開始留意機率問題。雅各和牛頓生活在同一時代，他有著貝努利家族傳統的自負心態，他認為自己和牛頓不相上下。1703 年，雅各．貝努利率先提出了如何從樣本中發現機率的問題。

雅各教授自己的弟弟約翰數學。約翰和雅各一樣聰明，而且和他的哥哥一樣，他是個對名聲的追求近乎病態的人。

雅各和弟弟約翰有一個習慣，就是對一個問題有競爭性地進行研究，並且在媒體中毫不留情地攻擊對方。

雅各雖然發現了大數法則，但由於兄弟倆在科學問題上過於激烈地爭論，致使雙方的家庭也被捲入。雅各死後，他的《猜度術》手稿被他的

遺孀和兒子在外藏匿多年，直到 1713 年才得以出版，幾乎使這部經典著作的價值受到損害。

《猜度術》是雅各‧貝努利一生最有創造力的著作，在這部著作中，他提出了機率論中的「貝努利定理」，該定理是「大數法則」的最早形式。

為了說明大數法則，雅各假設了一個裝滿 3000 枚白色石子和 2000 枚黑色石子的罐子，且不知道每個顏色的石子的數目。

我們從罐子中，按不斷增加的數目取出石子，並在將它們放回瓶子之前，記錄每枚石子的顏色。如果我們取出越來越多的石子，最終我們會得到「接受必然的可能性」，也就是說，在實際事件上是必然的，但又不是絕對的必然——兩種顏色石子的比率是 3：2。

從雅各的計算顯示，從罐子中取出 2555 枚石子後，則有大於 1000/1001 的機率使其結果與真實結果（3：2）間的差異在 2% 之內。也就是所謂的「接受必然的可能性」。

雅各宣稱，我們可以對任何不確定的數量進行科學的預測了。如果我們可以像「先知」一樣，幾乎能很準確地預言「事後」。

由於「大數法則」的極端重要性，1913 年 12 月彼得堡科學院曾舉行紀念大會，慶賀「大數法則」誕生 200 周年。

《猜度術》是機率論的第一部奠基性著作，所含機率思想具有劃時代的重大意義，可謂對機率論做出了決定性的貢獻，推進了機率論的進一步發展。因而其出版是機率論成為獨立數學分支的標誌。

一枚硬幣，連出三把都是正面，那麼下一把出反面的機率仍然不會大於 50%。

　　從理論上講，硬幣也好，骰子也好，既沒有記憶，也沒有良心，機率法則支配一切。

第七章：懊悔理論

——懊悔規避與尋求自豪

害怕後悔，追求自豪，可導致集體性的瘋狂。

在別人貪婪時恐懼，在別人恐懼時貪婪。

——華倫・巴菲特

口說筆寫的哀痛文字，最令人傷心斷腸的，莫過於「早知如此」！

——約翰・惠特曼

每一天，張三都走同一條路回家。

某一天，張三突發奇想，選擇另一條路回家，結果被一隻狗咬了，這時張三什麼感覺？

假如，張三是在以前每天都走的老路上被狗咬了呢？

兩相比較，因為改變而產生的那部分額外的挫折感就叫「懊悔」。

房市暴漲，你會惜售房產嗎？

朋友有一處多餘的房產，當初 500 萬元買的，現在趕上房市飆漲，可以賣到 750 萬元，他問我該不該出售，再不出售，房市恐會下滑。但是房價還在往上漲，如果現在賣掉，將來後悔怎麼辦？

於是，我從書架上抽出一本老中醫陳純仁寫的《銀元時代生活史》給他看。陳純仁是原是上海灘的名醫，後來定居香港。在其作品中，陳純仁

講了這樣一段讀來頗感滄海桑田的故事。

清末，著名古董家丁福保，花 800 塊銀元買了上海一塊地皮，十幾年後賣得 136000 塊銀元，增值 170 倍。陳純仁對此十分欽佩。

在丁公的指導下，陳純仁花 5200 塊銀元從農民手中買了上海愚園路的一塊地，當時愚園路只是一片荒蕪。

三年後，愚園路增建了基礎設施。有人向陳純仁開價 30000 塊銀元買此地。

陳純仁有意出售，但害怕賣早了自己會後悔。便又向丁公請教。

丁公的回答滴水不漏：「照短線來說，你賣掉並沒錯，但以後的漲跌，你不要再放在心上。」

多年以後，地價已漲到 10 萬元以上。

幾十年後，讀陳純仁的文字，仍能感覺到隱隱的遺憾。

有人云：「世間沒有後悔藥」，但對投資之事若能「講究心理衛生，置若罔聞」。就不致於產生太大的後悔。

外重者內拙

低買高賣，是最基本的商業法則。但涉及大宗投資的時候，一個人的決策就不見得那麼理性。

玩過牌的人都知道，賭注大小，會影響到一個人的發揮水準。假如人真的是理性的，賭博技巧就應該是一樣的。

莊子曾經講過一則寓言：有一個賭徒，用瓦器作為賭注的時候，賭技格外高超。當有人拿金屬帶鉤作為賭注和他賭博時，他就有點發揮失常了。後來，又有人拿黃金作賭注和他玩，結果他一敗塗地。

　　莊子總結說：「外重者內拙。」對外物看得過重的人，理性一定會受到影響。

　　曾有一個收廢品的小販，靠著勤奮與聰明積累了百萬身家。某年鐵價大跌，這小販拿出 100 萬存款，又從銀行貸了 200 萬囤積了一批廢鐵。不久，鐵價從 1.2 元 / 公斤漲到 1.8 元 / 公斤；又過一周，從 1.8 元漲到 2.2 元。

　　小販想出貨了，但他想：如果再漲怎麼辦？再等一等。又過一周，從 2.2 元漲到 2.8 元。

　　小販心裡想說：漲到 2.9 元就出貨。話音未落，價格已經跌到 2.5 元。

　　他幻想著價格還能回升，但價格第二天就落回到 1.5 元。

　　當他在為「賣，還是不賣」躊躇的時候，價格已經掉到 0.9 元了。

　　而他最終的止損價格是 0.6 元。

　　這個故事有一個悲慘的結局，因為這次風險已經超出這位靠錙銖必較起家的人的承受範圍。或許在過去的時候，他有過不少靠金屬價格波動獲利的經驗，但這次實在玩得太大了，又太追求「完勝」了。

　　投資額的大小，到底是怎樣影響人的理性決策的，這是行為經濟學應該深入研究的一個課題。

懊悔規避

1980 年，理查 · 泰勒在《經濟行為和組織》期刊上，首次提出了 Regret Theory，有學者把 Regret 翻譯為遺憾，也有人翻譯為後悔，但都感覺都不夠契合。筆者不才，姑且將其譯為「懊悔」。

泰勒做了類似這樣一個測試：

甲先生在電影院排隊買票。到了售票口，他發現他是這家戲院的第一萬名顧客，因此得到了 1000 元獎金。

乙先生在另一家電影院排隊買票。他前面的人剛好是這家戲院第十萬名顧客，得到了 10000 元獎金，而乙先生因為緊隨其後，也得到了 1200 元獎金。

你願意當甲先生還是乙先生？

泰勒說，出乎意料的結果是許多人寧可當甲先生（得到 1000 元），而不願意當乙先生（可以拿到 1200 元），理由就是不想感到懊悔。跟 1000 元獎金失之交臂，會讓這些人痛心不已，因此他們寧可少拿 200 元，也要避免因為懊惱而跺腳。

泰勒把這種心態稱為「懊悔規避」（Regret aversion）。

千金難買早知道，懊悔對心靈的摧殘是漫長而痛楚的。懊悔理論對人生、事業、投資都具有哲學意義。

行動的懊悔 VS 忽視的懊悔

假設你只能每天花100元買彩券。半年來,你每天都只買同一組號碼,可惜你一直沒有中獎(這太正常了)。這時,好友建議你改買另一組號碼,你會改變嗎?

不用多加解釋,你也知道原來那組號碼與新的號碼,中獎機率完全一樣。

但你知道,可能會面臨兩個懊悔。

第1種懊悔:不聽勸,繼續原來的號碼,但是新號碼中獎了,你的沒中獎。

第2種懊悔:聽人勸,改買新一組號碼,但是原來那組號碼偏偏中獎了,新號碼卻沒中。

這兩種懊悔,那一種帶來的痛苦比較強烈?

多數人會覺得第2種懊悔更為強烈,因為你已經對原來那組號碼傾注了太多感情。

第1種懊悔,因為沒有行動,我們叫它「忽視的懊悔」。

第2種懊悔,因為採取了行動,我們叫它「行動的懊悔」。

行動不如不動

對於多數人來說,行動的懊悔,要大於忽視的懊悔。所以,有時候,

我們寧可將錯就錯，也不願打破現狀，對其他選擇故意忽視。

假設阿聰擁有價值一千美元的「Ａ」公司股票，一個好友建議他把這些股票賣掉，改買一千美元的「Ｂ」公司股票。阿聰沒有理會。一年後，「Ａ」股價跌了30％，他原來的一千美元現在只剩下700美元。

現在，假設阿明擁有價值一千美元的「Ａ」公司股票。在同樣的期間，一個好友建議他賣掉這些股票，改買一千美元的「Ｂ」股票，他照做了。一年後，「Ｂ」股價跌了30％，使他的一千美元投資只值700美元。

以上二例中，你認為阿聰和阿明哪一個人會比較難受？

實驗表明，大多數人認定阿明會比阿聰更難過些。畢竟阿明是因為採取了行動，後來才賠了錢，阿聰卻什麼都沒做，至少表面上是這樣。其實這兩個投資人心裏都不好受，只是阿明可能自責更多些罷了。他可能怪自己多事，或者怨自己自作自受。

進退維谷

阿福是一個業餘投資人，在網路上交易股票，交易費用為零，股票拋出以後，錢會自動轉帳到他的活期存款帳戶中。

上個月，阿福買了一萬股「Ａ」公司，當時買入價是32元／股。

阿福今天上網一看，卻發現形勢不妙。「Ａ」公司已跌到了15元／股。阿福呆呆地坐在電腦前，到底要不要拋掉呢？無法做出最後的決定。

滑鼠就停在「拋售」這個按鈕上，但阿福始終沒有勇氣點下去。

問：如果你是阿福，你最終究竟會選擇拋，還是不拋呢？

實驗結果是絕大多數人都選擇「不拋」。

正當阿福舉棋不定的時候，電話鈴響了。當阿福接完電話再次走進房間時，發現寵物貓咪爬到桌子上了，貓爪子正好搭在滑鼠上，按下了「拋售」鍵。

阿福原先的 320000 元，現在已經變成了 150000 元，並且即時地轉到了他的活期帳戶中。

問：如果你是阿福，你現在是否立即再把「Ａ」公司買回來以繼續持有呢？還是再等等看，或者把這 150000 元投資於其他的股票。

實驗結果是大部分人選擇不買。

其實這兩道題是等價的，你所需做出的決定都是在「Ａ」公司價格 15 元／股的情況下，決定到底是繼續持有還是立即出手。

如果你不想賣掉你的股票是因為你覺得它行情看漲，那麼貓咪是否「闖禍」並不影響它的行情，你應該在貓咪「闖禍」後再把它買回來；如果說貓咪「闖禍」以後你不願意再把它買回來，說明你不看好這支股票，那麼你應該在第 1 個問題裏面就把股票賣掉。

這個實驗就叫做「持有者悖論」。

當房子成為負資產，你會懊悔嗎？

讓我們坐著時空穿梭機，來到 20 年前的英國。主角是一個天生保守、急於擁有一套屬於自己的房子的小白領。

此時的房市正處在最嚴重的泡沫狀態之中，房價一路高歌猛漲。大家都在像搶購青菜一樣搶購房子，期望現在買的房子到將來能更加值錢。

這位白領本可以租房子，由於利率較低，從短期來看，貸款買房比租房更划算。而且，但大家都在買房子，後果大家擔，也不是他一個人做「經濟炮灰」。於是，他打定主意要買房。

他的收入不高，所以貸款能力有限，向父母借了錢，付了頭期款。他以 30 萬元英鎊的代價，在倫敦郊區購買了一間小公寓。

在準備好 5 萬元頭期款之後，他還得向銀行貸款 25 萬元。不過正在上升的房價告訴他，這是一筆好生意，即使房價有所下降，那 5 萬元頭期款也足夠應付了。有什麼好顧慮呢？

英國經濟在 1990 年和 1991 年開始衰退。房市急轉直下。房價一瀉千里，那些急於獲得現金的地產商建造了大量的小公寓。突然之間，沒有人需要它們了，眾人所期望的「往上爬」的鏈條就此消失。

最初的購房者由於害怕房價會繼續跌下去，紛紛將手裏的房子拋售。

這位小白領遭到的打擊尤為嚴重，他的小公寓的價格崩潰了。當市場在 1995 年陷入低谷的時候，它的價值大約 15 萬元。也就是說，就算把房子賣掉還給銀行，他還欠銀行大約 10 萬元。

可是，這位保守的小白領並沒有把房子給銀行，為什麼？因為英國有

很完整的徵信體系，你把房子丟給銀行不管了，那你的信用也就完蛋了。

日後你找工作、創業、納稅甚至生活都會出現問題……

沒辦法，損失了所有的存款資產後，他也只能硬撐著。最後，他以大出血的價格賣掉了這份房產，他接受了遠離首都的一個城市裏的工作……又過了很多年，他終於償清了所有債務。

現在說這個例子，不過是在放馬後炮。李嘉誠說：房價上漲的時候不會死人，但房價下跌的時候卻一定會死人。這世界「人是鐵，飯是鋼」，房子不知道什麼時候起，也成了「鋼」了。租金漲了，可以換套小一點的房子。但「炒房炒成房東」就比較悲哀了，銀行每個月催促還貸的電話，對未來的悲觀……都會把一個人壓垮。

孤獨的人是可恥的

政客的信條是：寧與人共醉，不要我獨醒。

一群原始人，就算選擇錯誤，但只要組成團體，也要比獨自選擇正確的方向更為有利。身處團體當中的優勢能夠戰勝孤軍奮戰的劣勢。

一個人必須和他人共同生存，就算大多數人是愚昧無知的。倘若特立獨行，你可能會比較聰明，但也只能走向荒蠻。

人們骨子裏需要一種非理性，需要「一點盲從」，有時候特立獨行是沒有價值的。所以，自負的瘋子常常能夠吸引追隨者，而內省的智者缺乏吸引力。

但賭客的信條應是：寧與人共醒，不要我獨醉。

市場走弱，你會依然戀戰嗎？市場處於底部區域，你會加碼嗎？然而，在多數人一致看好時就撤退，或在多數人一致悲觀時加碼，那需要多大的勇氣？

懊悔規避和尋求自豪可以解釋投資者的「羊群效應」（從眾心理）。

人們隨波逐流，是為了避免由於做出了一個錯誤的投資決定而後悔。

正所謂「天塌砸大家」，許多投資者認為，買一支大家都看好的股票比較容易，因為大家都看好它並且買了它，即使股價下跌也沒什麼。大家都錯了，所以我錯了也沒什麼！

如果固執己見，買了一支大家都不看好的股票，買入之後它就下跌了，自己就很難合理地解釋當時買它的理由。

此外，基金經理人和股市分析師對名氣大的上市公司股票情有獨鐘，主要原因也基於此，因為如果這些股票下跌，他們因為操作得不好而被解雇的可能性較小。

固守現狀

「懊悔規避」可以幫助我們理解政治和經濟生活中的一些現象。

比如，歷史上許多的重大改革，都是「危機驅動」——不到迫不得已，不會去改革。保守的政治領袖會採取明哲保身的策略，不去做決策或僅做無關緊要的決策。因為如果做出的決策導致了損失，這比起不做決策或做

出的決策沒有效果來說，將會引起更大的懊悔。

再如，面對熟悉和不熟悉品牌進行選擇時，消費者比較樂於選擇熟悉的品牌。因為，消費者可能會考慮選擇不熟悉品牌造成效果不佳時的懊悔要比選擇熟悉品牌的懊悔要大。

有經濟學家曾經透過一個經典實驗來揭示人的這種心態。被試者是一些對經濟學和財務知識有相當認識的學生，實驗內容是給他們出了下面這幾個問題：

你經常閱讀有關金融方面的報導，可是一直沒有錢能夠用於投資。最近，有個遠房親戚遺留給你一大筆錢。你通過仔細考慮後，把投資的範圍縮小到以下4種選擇：

A：購買甲公司的股票。這種風險適中的股票，在未來一年中，有50％的機會股價會提高30％，有20％的機會股價會維持原狀，有30％的機會股價會降低20％。

B：購買乙公司的股票。這是一種風險較高的股票，未來一年有40％的機會股價會提高1倍，有30％的機會股價會維持原狀，有30％的機會股價會降低40％。

C：購買國庫債券，幾乎可以確保未來一年能夠得到9％的報酬。

D：購買市政債券，幾乎可以確保未來一年能夠得到6％的報酬，免稅。

你會選擇哪一項投資？

不出所料，這些被試者大多數是根據自身承受風險的能力來選擇投資

的。因此，有 32% 選擇了中度風險的股票，有 32% 選擇了保守的市政債券，有 18% 選擇風險較高的股票，另外 18% 選擇了國庫債券。

但是，這些結果並不特別重要或有趣，真正有意思的還在後面：經濟學家向另外幾組學生提出了類似的問題，只不過他們是在某種現狀下做選擇。也就是說，這些學生發現他們接受的財產已做了某種投資安排，而他們必須決定究竟是要維持這種投資，還是要加以改變，請看下面的問題：

你經常閱讀有關金融方面的報導，可是一直沒有錢能夠用於投資。最近，有個長輩遺留給你一大筆財產，其中一大部分已投資購買了甲公司的股票。現在你必須決定究竟是要維持原狀，還是要把錢投資到別的地方，而且不必考慮稅收和交易傭金。你會選擇哪一種方式：

A：保留甲公司的股票。這種風險適中的股票，在未來一年中，有 50% 的機會股價會提高 30%，有 20% 的機會股價會維持原狀，有 30% 的機會股價會降低 20%。

B：購買乙公司的股票。這種風險較大的股票在未來一年中，有 40% 的機會股價會提高 1 倍，有 30% 的機會股價會維持原狀，有 30% 的機會股價會降低 40%。

C：購買美國國庫債券，幾乎可以確保未來一年可以得到 9% 的報酬。

D：購買市政債券，幾乎可以確保未來一年可以得到 6% 的報酬，而且不必繳稅。

這些實驗的結果如何呢？不論設定的現狀是哪一種投資，大多數人都選擇維持現狀。例如，一旦獲悉這筆錢已用於購買市政債券，有 47% 的

人會決定維持這種非常保守的投資。相比之下，在前面的實驗中，資金尚未做任何投資時，只有 32％的人選擇市政債券。

這實在令人費解：如果沒有特殊情況，只有 30％的人會把錢放在市政債券裏。但是，一旦獲知錢已經買了市政債券，幾乎有一半的人會認為這是最適當的投資，儘管當初這樣做並非出自他們的選擇。

「固守現狀」並非現狀真的多麼吸引人，根本原因在於人們害怕懊悔，厭惡悔恨。

追求自豪的「賣出效應」

經濟學家赫什‧謝夫林（Hersh Shefrin）在一個研究中發現：與懊悔規避相應，決策者還有一種尋求自豪的動機。假設你有兩支股票，一支賺了 20％，一支賠了 20％。你現在缺錢，必須賣出一支，你會賣哪個呢？

一般人會有這樣的邏輯：

賣掉賠錢貨，會造成該股票已經賠錢的「事實」，承認當初的抉擇是錯誤的，會帶來一個懊悔。再等一等，也許會變成賺錢的股票呢！

至於賺錢的股票呢？也許它還會上漲，雖然它賺得不算多，但「小賺也是賺」，這會激發一種決策正確的自豪感，而沒有懊悔的感覺。

懊悔規避與追求自豪造成了投資者持有獲利股票的時間太短，而持有虧損股票的時間太長。急於脫手賺錢的投資，卻把賠錢貨留在手上。謝夫林稱之為「賣出效應」。

美國加州大學的一位金融學教授的一項調查，明確地證實了這一點。

這位教授透過對幾千名投資人前後的交易記錄加以研究，結果顯示：這幾千名投資人，多數情況下會出售價格正在上漲的股票，卻寧願長期持有價格下跌的股票。

調查顯示，投資人賣掉的股票，在其後 12 個月中的漲幅，比他們留下來的股票高出了 3.4％。換言之，投資人賣掉的是應該留住的股票，卻留下了應該賣掉的股票。

最不可思議的是：賣掉某支賠錢的股票時，美國稅務部門會幫投資者減掉等額的稅款（最高可以減 3000 美元），也就是說，你只要認賠，政府就會替你埋單。儘管如此，許多投資者還是拒絕認賠。

投資人死抱著賠錢貨不放，卻急著賣掉賺錢的投資的傾向，正是「尋求自豪」和「懊悔規避」效應在發揮作用。大多數人總是情願賣掉賺錢的股票或基金，是為了把已經賺到的錢及時放進口袋，卻不太願意賣掉賠錢貨，讓自己接受賠本的事實。

由於不願接受賣掉賠錢貨後虧本所帶來的痛苦，於是他們逃避現實，畢竟，它的價格再跌，也只不過是「帳面損失」，還不能算是正式賠錢。

但是，一旦真的把賠錢貨賣掉，損失就變成活生生的現實了。

你會和自己的投資結婚嗎？

你會和自己的投資戀愛、結婚嗎？如果你在投資領域夠「薄情」，恭

喜，你是個高手。

　　人就是善於自欺的動物，當手裏的股票變成賠錢貨的時候，拒絕接受現實，壯士斷腕。這時他們常常搖身一變，成為自稱「長線」投資人。

　　托爾斯泰說：「幸福的家庭總是相似的，不幸的家庭各有各的不幸。」

　　投資何嘗不是如此？多少人在投資的時候像一個優柔寡斷的多情種子。

　　贏家的際遇各不相同，輸家的心態卻如出一轍。透過懊悔理論和前景理論可以推導出投資失敗者的一般心路歷程：因貪婪而投資，因虧損而惜售，因希望而等待，因小利而放棄。如此往復，錢越變越少，不變的只有行為的方式。猶如一對怨偶，因愛慕而結合，因受傷而分開，又因分開而思念，因思念而復合，如此往復……

第八章：理性原罪

──多重選擇下的衝突

多則惑，少則明。人類大腦不堪複雜的比較行為。

坐勞斯萊斯轎車的人向擠公車的人請教，這種事情只會發生在華爾街。

——華倫‧巴菲特

我們頭腦中的邏輯從何而來？當然來自非邏輯，這非邏輯的範圍本來必定是極其廣闊的。

——尼采

亞里斯多德曾問：面對兩根同樣誘人的肉骨頭，一條理性的狗該做出怎樣的選擇？

哲學家布里丹給出答案：一頭絕對理性的驢子，恰處於兩堆等量等質的青草中間，將會餓死。因為它不能對該吃哪一堆做出理性的抉擇。

女人是天生的哲學家：婆婆和我同時掉河裏，你先救誰？

一個絕對理性的人，將比「布里丹之驢」更加不幸。

令人迷惑的選擇

一家小吃店，店面不過 20 多坪，卻品種齊全。牆上標滿了 200 多種小吃，看完就要 5 分鐘。

客人：「來份宮保雞丁蓋飯。」

老闆：「好？！」

客人：「原來你們有河粉！給我換成河粉。」

老闆：「好？！」

客人：「哇，原來你們有刀削麵！不好意思，我要刀削麵！」

老闆：「好的，換刀削麵。」

客人：「哇，原來你們還有炒米粉！我要炒米粉！」

老闆：「炒米粉，確定嗎？」

老闆要知道，顧客是沒錯的，錯就錯在，他給了顧客太多的選擇。別無選擇與選擇過多皆是煩惱！

店主一定認為選擇越多，滿足的客人越多，收入就越多。

想法沒錯，但這有兩個問題，第一是種類太多了，成本也增加了，一些菜品即使賣得很少，也要預備材料。另一個是，這麼一家小吃店，尤其在吃飯的高峰期，應儘量提高餐桌利用率。當客人陷入選擇的困境，必然在點菜環節耗費太多時間。

想想吧，緊鄰兩家面積一樣的小吃店，同樣多的員工。一家有 200 個菜品，由於人力有限，所以每種做得都很一般。另一家只用幾種菜品，但每個菜品都做得非常精緻，美味得「銷魂」。哪家生意會更好？

肯德基、麥當勞這些國際速食連鎖巨頭的餐點種類是最豐富的。它們只會偶爾推出一些新的速食品種調劑口味，同時會淘汰一批賣得不好的產品。如在義大利會推出義大利麵；在法國會供應紅酒。肯德基、麥當勞想湊齊 200 個品種輕而易舉，但他們深諳「二八法則」，只要保留當地最受

歡迎的品種，再加一些陪襯菜品即可。

單一的選擇

少則得，多則惑。是以聖人抱一為天下式。

夏娃：親愛的，你會全心全意愛我嗎？

亞當：這簡直是一定的。除了你，我還能有什麼選擇呢？

幾百年前的英國，有位叫霍布森的馬場老闆，常常租馬給劍橋學生。霍布森不認為那些學生會好好照顧他的馬，所以他制定了一個規矩，使他最好的馬不被挑走：學生只能牽離馬廄門口最近的那匹馬，否則就不許牽走任何一匹馬。

管理學家西蒙把這種沒有選擇餘地的所謂「選擇」譏為「霍布森選擇」（Hobson's choice）。亨利‧福特就實行過「霍布森選擇」。

福特 T 型車一度是市場霸主，亨利‧福特的傳世名言是：你可以任選汽車顏色，只要是黑的就行。（You can have any color you like'as long as it is black.）

福特的理念一度非常成功，但後來卻被其他廠商生產的其他色彩的汽車分去了部分市場份額。1926 年，痛定思痛的福特開始增加彩色車，但已經無力挽回被搶走的市場，一年之後 T 型車停產。

世界上沒有兩個完全一樣的人，即便是孿生子。消費者有自己的想法，商家為客戶提供的產品應該是有區分的。

比如ＢＭＷ汽車，在顏色上為客戶提供多種選擇。客戶甚至可以自選顏色，紅、白、黑乃至粉色的，車座皮革的顏色、駕駛盤、輪胎、電子配件，等等，選好後車廠才開始製造客戶要求的車。

但這是不是又走向了另一個極端？

理性的，太理性的

我們正面臨著越來越多的機遇、產品和服務，是不是選擇越來越自由了呢。

事實上，社會越進步，做出選擇反而越困難。過多的選擇令人感到不安和為難，尤其是當這些選擇都很誘人的時候。

美國行為經濟學家丹 · 艾瑞利曾經在加利福尼亞州選了一家超級市場做研究。

為了滿足顧客不同口味的需求，這家超市準備了 250 種不同口味的芥末醬、75 種不同的橄欖油、300 多種果醬。

艾瑞利設計了一套巧妙的實地試驗計畫，並在超市的同意下，連續兩個星期擺試吃櫃檯。

艾瑞利準備了兩批試吃貨品，每隔一個小時輪流更換。

第一個小時擺出 24 種不同的果醬，另一個小時只擺出 6 種。

這兩批果醬都經過試吃專家評定，並小心挑選過，都同樣的美味可口，只是有一些細微的差別罷了。

在研究期間到這個試吃櫃檯的人，都可以拿到一張價值 1 美元的代金券，可用來購買店裏出售的任何果醬。

每一張代金券上都附有暗記，以分辨顧客拿到代金券時，試吃櫃檯是擺出 6 種果醬還是 24 種果醬。

艾瑞利想知道面對 24 種果醬的顧客，是否會被這麼多的選擇搞得暈頭轉向，根本無法決定買哪一種了。跟只有 6 種選擇的人相比，他們是否更不可能買東西。由於有暗記的幫助，就很容易追蹤這兩組顧客的行動。

或許有人認為，選擇越多，銷量越高。但事實恰恰相反。

那些嘗了 6 種果醬的顧客，買了比較多的果醬。雖然在擺出令人眼花繚亂的 24 種果醬時，試吃櫃檯吸引到的顧客比較多（145 人對 104 人），但他們只有 3％ 真的使用了代金券。而只有 6 種選擇的顧客，卻有 30％ 後來買了果醬。

「人們看到 24 種不同果醬擺在面前時，常常會不知道選哪種好，」艾瑞利說，「最後，他們通常哪種都不買。」換言之，面對的選擇越多，就越難取捨。

這個研究結果似乎只是一般常識，可是這種現象對整個社會的影響卻非常深遠。

市場越細分越好嗎？人們的選擇越多越好嗎？這是個發人深思的問題。

衝突下的選擇

假設你正準備買一台筆記型電腦，可是還沒有想好買哪一種品牌或是什麼樣的機型，就連想花多少錢你都還沒想過。

一個週末，你去電子市場，注意到某家經銷商上打出的一個廣告，表示有一種暢銷的索尼筆記型正在打折促銷，只賣 19999 元。

你已經在網上查過了，這個價錢遠低於平時的零售價。你會怎麼做？

A：買下它。

B：暫時不買，再瞭解一下其他機型。

現在，假設你繼續向前走，看見一家經銷商也打出了相似的廣告，只不過是另一種高級的戴爾筆記型而且只賣 29999 元。你知道這跟前面的索尼機型一樣，這個戴爾機型的價格也非常合算。你會怎麼做？

A：買下這個戴爾機型。

B：買下索尼機型。

C：暫且不買，再瞭解一下其他機型。

卡尼曼曾經做過類似試驗，在史丹佛大學和普林斯頓大學找了兩組學生，分別向他們提出這兩種假設情況。

碰到第一種情況的學生，絕大多數表示他們會買下索尼筆記型電腦，只有大約 35％ 的學生表示要再多看一處地方。事實上，在這種情況下，趁機把東西買下來絕對是合理的做法，因為這個索尼機型的價錢不但非常

合算，而且是你早就想買的筆記型電腦。

但是，面對第二種情況的學生，只有27%表示他們會買下索尼機型，大約同樣多的學生會買戴爾機型。但是，幾乎有一半的學生（46%）表示他們會按兵不動，等著看市面上還有什麼好東西。

這裏最值得注意的是一個矛盾的現象：多了一項合算的選擇，反而使人猶豫不決，結果讓更多的人決定暫時不買了。

從這個例子中，我們很容易得出以下的結論：在生活中面對的選擇越多，我們越是舉棋不定，結果什麼也沒有選擇，反而讓機會白白流失掉。

卡尼曼認為，一般人在面對許多可供選擇的誘人方案時，因為害怕後悔，更可能決定暫緩採取行動，或是根本不採取任何行動。他據此確立了「衝突下的選擇」這一理論。

當機器人有了感情

一旦機器人有了感情，他究竟是機器，還是人？

這是科幻作品老生常談的一個主題。

人工智慧專家馬文‧明斯基（Marvin Minsky）指出：「問題的關鍵不是機器人能否擁有感情，而是機器人在缺少感情的情況下，是否還是智慧的。」

且聽一個寓言。

一個博士模擬了一個新次元，裏面安放了一些人工智慧。

其中有一位名叫野比，是一台純理性的機器。甚至，連機器都算不上，只是一串代碼，一個程式。

野比崇尚理性，是一位完美主義者。

畢竟是人工智慧，在博士眼裏，野比非常「酷」，他甚至連先穿左腳鞋子還是右腳鞋子都能做出最優的選擇。

一天，野比要外出辦事。

家裏衣櫥裏有兩套除了顏色完全一樣的西裝，該穿哪一套呢？

野比陷入了抉擇的困境，或者說，程式崩潰了。

真正意義上，機器人必須有適度的非理性。也就是說，當「最優化」選擇非常難以計算的時候，它要做出「隨機化」的選擇。就好像兩個條件一樣優秀的異性追求你的時候，你可能會把選擇權交給「緣分」。

神經科的科學家安東尼奧・達馬西奧（Antonio Damasio）認為，情緒（或感情）的某些方面是理性所不可或缺的。樂觀而言，在決策中，感情為我們指引正確的方向，並將我們帶到合適的地方，在這種地方我們就能正確使用邏輯工具。

安東尼奧觀察了一些大腦前葉遭受損傷的病人，這些病人仍具有記憶、語言和其他認知技能，但是失去了「感受」能力，換個說法是已無感情。他們能夠「認知卻無法感受」。他們失去了有效地進行選擇的能力。由於沒有感情，當他們被要求做一些簡單的決定時，就陷入了無盡的「成本－收益」權衡之中。

柏拉圖曾說：「理性是靈魂中最高貴的因素。」

對此，尼采反駁：「一切理性的事物，追根溯源，血統並不純潔，都是來源於非理性。這是理性的巨大原罪。」

決斷力崩潰

抉擇悖論問題，是不是等於找到了「理性人」的證據？

這確實是一種悖論，正所謂「機關算盡太聰明，反誤了卿卿性命」。我們從不認為小聰明等於大智慧。

恰恰是這種太理性，反映了一種非理性。人們嘲笑「布里丹之驢」愚蠢，正是因為它過於理性。

人類是「準理性」的物種，絕對理性，其實是一種非理性。

如果非要每一步都做得絕對理性，每一步都不踏錯，就註定終將茫然，崩潰。

觀察太精確、推論太遲緩的生物不適於生存。為了生存，寧肯錯誤而不願等待。

選不到最優，就選次優，這才是最超越理性的行為模式。

選擇的衝突和固守現狀交織在一起，必然導致決斷力崩潰。

延伸閱讀

神經經濟學簡介

神經經濟學或稱神經元經濟學，又叫腦袋經濟學，它是以大腦為研究對象的經濟學。神經經濟學運用大腦活動的事實擴展了行為經濟學。所以，神經經濟學被認為是行為經濟學的一個分支。

作為一門交叉學科，神經經濟學不僅融合了現代神經科學和現代經濟學的分析方法，而且還融合了現代進化論、現代心理學、特別是比它略早一些誕生的進化心理學的基本思想。

現代猿人

大約 20 年前，一門叫做「進化心理學」（或曰「演化心理學」）的學科誕生了。值得一提的是，這門學科的創始人約翰夫婦具有經濟學和心理學雙重學科背景。

進化心理學是一門研究人類心智如何形成的學科。進化心理學認為，我們人類的心智模式是在長期進化過程中被自然選擇所塑型的；因此，它主要是用來解決進化史上我們祖先所面對的問題的。

進化心理學一個最核心的觀點是：現代人的頭骨裏裝著一副石器時代的大腦。

人類祖先在採集和遊獵狀態下已經生活了數百萬年；而我們的農業文明，才不過一萬年；而工業文明，才僅僅五百年。

人類的進化速度遠遠沒趕上文明的發展速度。解剖學的證據表明，工業社會以來，人類大腦神經元的連接方式基本沒有發生過什麼變化。

我們擁有石器時代的大腦，卻生活在現代社會中。例如，進化心理學研究發現，當人們對長期行為進行決策時，他們的決策行為的確符合經濟學教科書假定的「理性決策」過程。

而面對短期決策，比如是否立刻進行消費活動時，非理性衝動因素在人腦決策中的作用與低等動物並無區別。

再比如，人類的利他行為會發生在非親屬之間，這與傳統經濟學的人類自利假設相違。但這種互惠式的回饋，其實在人類原始遊獵時代就已經存在。

當我們試圖探究人類經濟行為的認知模式和神經基礎時，我們就不得不面對自然選擇在生物長期進化過程中對人腦組織及其神經元連接方式所施加的影響。

進化心理學是一門很年輕的學科，但它在神經經濟學的創立過程中，卻扮演著一個極其重要的角色。事實上，許多進化心理學的締造者也是神經經濟學的積極宣導者。

被人誤解的進化論

很多人對進化論的誤解，可以追溯到它的最工整的中文表述：「優

勝劣汰，適者生存」。

這八個字朗朗上口，所以傳播彌遠，深入人心。在崇尚「利益」的年代，「適者生存」、「優勝劣汰」更成為一些人的自私、冷酷和不擇手段的理論依據。

然而，在真正的「進化論」者看來，這種說法是膚淺且庸俗的。自然選擇並不是大眾想像的那樣，是「正向」的。比如孔雀那招搖浮誇的大尾巴，很不利於逃生，導致其成為肉食動物的美味，但它卻在漫長的歷史中存活了下來。長頸鹿也不是因為發現更高的樹枝上有更可口的樹葉，然後才「進化」了長長的脖子。

也就是說，「優」未必勝，「劣」也未必汰。正如人類的某些非理性行為傾向，反而利於他的基因在自然選擇的過程中延續下去。

經濟理論是可以實驗的

人們在很長一段時間裏始終固守著經濟理論難以實驗的思維定式。

弗農‧史密斯教授不信邪，並將之付諸實踐。在實驗經濟學中，他根據經濟學的動機設立簡單的討價還價的遊戲和市場，用以檢驗理論和確定哪些變數導致經濟後果。

2002 年度諾貝爾經濟學獎授予弗農‧史密斯，標誌著實驗經濟學作為一個獨立的學科已步入主流經濟學的舞臺。

神經經濟學將人們的選擇、討價還價、交換等生物和神經過程進行量化，這是對試驗經濟學的擴展。所以，神經經濟學也稱為一種新型的「實

驗經濟學」。

　　神經經濟學的興起，對經濟學更大的貢獻在於，它放棄了主流經濟學用以解釋人類行為的各種過分簡單的模型，在切實瞭解人腦精神活動的真實方式的基礎上，重建經濟學對經濟行為的解釋。

　　柏拉圖曾說，人的行為就好比一輛由兩匹馬拉著的馬車，一匹馬代表理智，另一匹就是情緒。神經經濟學家讓這個比喻更為形象，指出理智是小馬駒，情緒則是高頭大馬。

第九章：跨時抉擇

―― 及時行樂與漸入佳境

及時行樂未必不是一種睿智，遠見太遠也是一種貪婪。

遠見太遠，也是一種貪婪。

——華爾街格言

我不在乎所謂的世界七大奇蹟是什麼，但我知道，如果有第八大奇蹟，一定是複利。

——羅斯柴爾德

狙公養了群猴子。

狙公給猴子提出一種伙食方案：早上三個栗子，晚上四個栗子。猴子們氣憤填膺。

後來，狙公又提出另一種方案來安撫眾猴子：早上四個栗子，晚上三個栗子。

這下猴子們卻滿意了。

世人都說猴子傻得可以，但薩繆爾森不同意。

時間價值

按照經濟理論，猴子還是很聰明的。為了便於說明這個道理，我們把「狙公戲猴」的故事進行誇張改編。

阿杜是一位小包商，帶領了一群工人承包建築工程。

阿杜對工人們說：「你們每人每月的薪資 50000 元。但為了防止你們亂花錢，每人每月只能從中領 10000 元作為生活費。餘下的錢我替你們保管，年底一次發給你們，開開心心回家過年。」

阿杜的表弟不願意：「表弟雖年輕，但也知道那 40000 元存在銀行是有利息的，讓你保管，還不如讓銀行保管。」

阿杜呵斥：「每次一領到薪水你就去大吃大喝，這樣能存的到錢嗎？不聽我的現在就滾！」

最後，阿杜還是做了讓步，每個工人每月可以領 15000 元，餘下 35000 元由他保存。

金錢是具有時間價值的，簡單地說就是：今天的 100 元要多於明天的 100 元。

比如，一年期定期存款的利率為 5%，那麼把 100 元存入銀行，明年就變成 105 元，這 5 元就是貨幣的時間價值。

今天的 100 元到明天可能就不僅僅是 100 元了，這就是貨幣的時間價值在發揮作用。

金錢具有時間價值，人們要為自己的超前消費付出代價。

> **小提醒：金錢不等式**
>
> 失去的 100 元＞得到的 100 元
>
> 賺到的 100 元＞撿到的 100 元
>
> 今天的 100 元＞明天的 100 元

效用貼現

接著，介紹一個概念，什麼是貼現。

貼現是一種票據轉讓方式，是指客戶（持票人）在急需要資金時，將其持有的商業匯票，經過背書賣給銀行，以便提前取得現款。銀行從票面金額中扣除貼現利息後，將餘款支付給申請貼現人。

經濟學說的貼現，不僅用於金錢，還用於「效用」。吃栗子就是一種效用，對猴子而言，第二種方案確實更好。

效用貼現：如果時間有價值的話，人們對未來的「收益」將打折扣，同樣數目的「收益」，現在擁有比未來擁有合算。也就是說，當下的滿足要比將來的滿足更有價值。效用貼現是傳統經濟學的基本假設之一。

傳統經濟學崇尚理性，即趨向利益最大化的行為才是理性的行為。

所以，從傳統經濟學角度講，寓言裏的猴子是很聰明的，它們對伙食方案進行貼現，最後選擇最高貼現值的方案。（當然，如果將這個方案生效的時間改為晚上，又當別論。）

貼現率

貼現率（discount rate）原是用未到期的票據向銀行融通資金時，銀行扣取自貼現日至到期日之間的利息率。經濟學家將貼現率用來衡量未來收入和支出折算成現值的一個橋樑。

貼現率這個概念，解決了未來經濟活動，在今天如何評價的問題。

貼現率為正值，則未來的 1 萬元不論是損失還是收益，都沒有現在的 1 萬元重要；而且時間隔得越長，未來的 1 萬元價值越低。

如果將一筆錢存銀行所得的收益，作為機會成本，那麼今天有另一個投資 10 萬元的項目，將來即使能收回 20 萬元，也不能證明此項投資一定合理。

假設銀行利率是 3%，10 萬元存在銀行，24 年就能滾到 20 萬元。所以 30 年後回收 20 萬元的投資與存銀行得利息相比，顯然是不值得去做。

小提醒：72 法則

據說，老羅斯柴爾德曾將複利稱為「世界第八大奇蹟」，足見時間價值的威力。在利率給定的情況下，一筆投資需要多長時間才能加倍？

所謂「72 法則」，就是以 1% 的複利來計息，經過 72 年以後，本金就會變成原來的二倍。

這個法則能以一推十，例如：利用年報酬率為 6% 的投資工具，經過約 12 年（72/6=12）本金就變成二倍；利用報酬率 8% 的投資工具僅需 9 年左右的時間就會讓 1 萬元變成 2 萬元。

誇張貼現

貼現在理論上是一種理性行為，但是過猶不及，過度貼現是一種愚蠢的行為。

行為經濟學家馬修・羅賓（Matthew Rabin），曾描述了一個有關人與金錢間存在的有趣的「反常現象」，即當人們在收到金錢收入之前，都能相當理性地做出儲蓄規劃，可當收入真的到手之後，人們的意志卻崩潰了，錢往往會立即被花掉，羅賓稱這一現象為「誇張貼現」。這說明意志力的缺乏也是人們在經濟實踐中選擇非理性行為的原因之一。

小美發誓要減肥，小明發誓要存錢。小美見到美食，安慰自己，明天再減不遲。小明見到一輛汽車，安慰自己，人生得意須盡歡，買輛車可以提升自己的社交品質，說不定還能帶來好機遇。一年後，小美體重增加了幾公斤，小明還在原來的社交圈子裏打轉，收入基本未變，還要每月還銀行車貸。

　　傳統經濟學假設的人具有無限意志。但是，面對誘惑時，一些人就開始自我欺騙，意志土崩瓦解。

　　而現實生活中的決策，人往往受有限理性、有限意志、有限自利和有限資訊等因素的制約，無法達到效益（貨幣收益）的最大化，而用更多地努力實現自我滿足最大化。

「遠水」與「近渴」

　　《舊約・創世記》記載，雅各與以掃是孿生弟兄，以掃先出生。按照人倫常情，長子為貴，以掃理當繼承父業。對此，雅各也許非常擔心。機會終於來了。一天，以掃打獵回來，又饑又渴，於是對雅各說：「我累昏了，求你把紅豆湯給我喝。」雅各便以一碗紅豆湯與以掃交換長子的名分，以掃居然同意了。

　　紅豆湯的價值與長子名分的價值天壤之別，幾乎沒有可比性，又怎能交易？

　　為什麼以掃對紅豆湯看得比長子名分更重？在他心目中，長子名分不

過是空頭支票罷了，將來如何，誰知道呢？

那時他們在迦南不過是寄居的，一無所有。既然他們是寄人籬下，那麼所謂長子的名分（得雙份產業），在他看來是很渺茫的，而紅豆湯卻是擺在面前；所以以掃貪戀眼前，選擇了紅豆湯。

美國從 13 個州開基，直到 1959 年在夏威夷建立第 50 個州為止，擴大疆土 10 倍，大部分透過「購地」而得。

美國獨立後，法國在北美仍有很大勢力，據有密西西比河流域西半部的「路易斯安那地區」，面積比當時的美國大一倍半。

當時拿破崙正在征戰歐洲各國，與西班牙交惡，無暇顧及北美殖民地。所以，當美一提出要買新奧爾良，法國皇帝拿破崙竟要美國全部買下路易斯安那地區。而路易斯安那地區與西班牙統治下的墨西哥交界，與其給西班牙占去，倒不如及早賣給美國，還能撈一大筆錢做軍費。

1803 年美、法簽訂「路易斯安那購地條款」，法國以 27,267,622 美元將該地賣給美國；每平方公里地價為 12.7 美元，是世界上有史以來最大的一筆土地交易。

美國買進阿拉斯加每平方公里只花 4.8 美元，每英畝只要 2 美分，堪稱世界上最便宜的一宗土地交易。阿拉斯加遠離美國本土，面積 151.9 萬平方公里。該地區天寒地凍，為愛斯基摩人的居住地。

俄國與土耳其作戰，1856 年戰敗，無力顧及阿拉斯加。國庫虧空，俄國到處挖財源，想到了阿拉斯加。沙皇認為該地油水不大，甚至有幾年還要貼本錢，不如賣掉。

回到未來

回到未來，這不是科幻，而是一種思維方法。本來很尋常的事情，乘以時間這個維度，結果就會大為不同。時間是最偉大的魔術師，它可以使桑田變成滄海，黃沙變成黃金。

愛因斯坦把時間作為世界的第四個維度，於是產生了相對論。羅斯柴爾德，曾是這個世界上最有錢與權勢的人，他聲稱：我不知道所謂的世界七大奇蹟是什麼，我只知道如果有第八奇蹟的話，那一定是複利。華倫·巴菲特如果損失一元，他會像損失一億元一樣在意──他是站在未來看這一元。

不僅貨幣具有時間價值，社會行為也有時間價值。

聲譽有時間價值：成名要趁早。

感情有時間價值：衣不如新，人不如舊。

馮侖曾有妙語，時間決定一件事情的性質：趙四小姐 16 歲去大帥府跟張學良，她去 1 年，是作風問題；去 3 年，是瞎攪和；一去 30 年，那就是愛情。

如果沒有明天

社會學家將適用於經濟活動的貼現率，推廣到一般社會活動，得出社會貼現率（social discount rate）這個概念。

在經濟學中，貼現率是一個中性概念，它的高低是市場上對貨幣的供需形勢及中央銀行的貨幣政策決定的，無所謂好壞。社會貼現率則是一個帶有負面色彩的概念，它與人對未來的信心成反比。

假如這個星球在 10 天後就要毀滅，你將會怎樣安排餘生？

讓我們再向積極的方向思考，把「社會貼現率」降低一些。假如科技進步了，很容易就可以將你的壽命延長到 150 歲，你還會繼續現在的職業嗎？你會不會考慮再學點什麼？你會和現在的配偶離婚嗎？你會不會更積極地籌劃自己的人生？

「吸毒」一定是非理性行為嗎？

社會貼現率越高，現在越是重要，越會出現「短期行為」，也就是「及時行樂」。

比如，某些「鎮定劑」的效用與嗎啡相似，使用很短一段時間就會上癮，但對於一個將死的癌症患者來說，他的貼現率非常之高，他如果選擇注射「毒品」，在理性上也解釋得過去。

如果你為未來投資的 100 元註定是空夢一場，那你現在把這 100 元花了買醉，也未必不是一種理性。

社會貼現率高，是人們對未來失去信心，操守、社會風氣惡化。

社會貼現率上升是一個危險的信號，它導致社會的不穩定，人與人的關係減弱，機會主義氾濫。

時局是否動盪、剩餘壽命、通膨指數等，都會影響到社會貼現率。在「911」事件之後的幾年，美國紐約市的減肥機構，業務大量萎縮，很多塑身中心乾脆關門大吉了。因為此時的人們對未來感到悲觀，享樂主義抬頭，誰還有心情去瘦身呢？

享受當下與享受未來

現實生活中，人們一般都是「正時間偏好」。就是說，人們認為當下的快樂要比將來的快樂有價值。

小明預訂了一款「拉風」牌汽車，3個月後才能提車。經銷商告訴他，提現車也不是不可以，但是要加價30000元。

想著下周就可以開車出去兜風了，小明居然同意了。小明也是具有正時間偏好的人。

小明在小美生日那天說，下周送她一款新款手機。雖然是同樣一款手機，可小美覺得，一周以後送來的手機的價值和生日那天送的的價值不一樣，小美就是具有正時間偏好的人。

「正時間偏好」合乎理性。經濟學家觀察到，人們的確給當下某物賦予的價值要比給未來「同樣」的東西賦予的價值高。

1891年，龐・巴維克在他的《資本實證論》中解釋，因為我們對未來缺乏耐心。相對未來而言，現在總要佔據更多的優勢，現在可以被我們直接感知，而未來，卻需要我們去想像，天知道未來會是什麼樣子。

傳統貼現效用理論

如何解釋人的跨期抉擇，薩繆爾森給出了一個貼現效用模型（The Discounted Utility Model）。

姑且省去繁瑣公式，把薩繆爾森的觀點進行歸納：

1：在各個時段，貼現率是恆定不變的。

2：正的時間偏好，遞減的邊際效用。人們願意消費分散到各個時期，而不是集中在一個時期。人們比較樂意在30分鐘內慢慢吃掉一串葡萄，而不是1分鐘內全吃掉。

3：在時段跨越中做抉擇時，決策者會將新的備選計畫和現有計劃結合起來考慮。

4：不同時段的效用是獨立的。

5：在跨期抉擇中，任意時段的效用不受其他時段狀況的影響。昨天吃的是麵包，明天將要吃麵條，但這兩樣都不會影響今天你對米飯的胃口。

6：假定一個人在任意時段，對某一活動所產生的偏好都是一樣的。

「朝四暮三」VS「倒吃甘蔗」

按照傳統貼現效用理論，人們應該擁有正的時間偏好。

也就是說，如果時間有價值的話，理性人應該盡可能在現在享受好東西，比如成果、勝利、效用、收益、利潤、奢侈等，而盡可能地推遲未來

去承受的壞東西，比如苦難、悲傷、支出、成本、失敗和拮据等。

人應該像寓言裏的猴子一樣，先享用更多的栗子。

但現實中，很多人剛好和理論預測的相反：情願從差的起點開始，克制一下，「倒吃甘蔗，漸至佳境」。而不是先來好的，然後慢慢變壞。

至此，我們看出來了，傳統的效用貼現理論是有問題的！

魯文斯坦的新貼現理論

行為經濟學經歷了兩個發展階段。

第一階段是「革命」，行為經濟學家直指傳統理性假設。代表人物是卡尼曼、泰勒等人。第二階段是「媾和」，傳統經濟學「招安」行為經濟學，行為經濟學也積極向傳統經濟學靠近，對傳統經濟學理論做一些修修補補。代表人物是馬修・羅賓、喬治・魯文斯坦等。

新貼現理論就是「媾和」的產物。

魯文斯坦是卡內基梅隆大學的社會和決策科學系的講席教授，和泰勒一樣都是耶魯大學經濟系的博士。

魯文斯坦對效用貼現模型進行修正。我們暫時將數學論證統統省略，魯文斯坦觀點大致有三：

1：收益和損失的貼現率不一致。

2：決策取決於人的先前的期望。

3：景氣指數與投資儲蓄。

未來損益貼現率

你最近表現不錯，老闆說要發你獎金，但老闆又和你玩選擇遊戲：

Ａ：今天就領獎金，可領 10000 元。

Ｂ：如果一年後領，可領獎 13000 元。

你會選哪種？

魯文斯坦透過實驗證明：今天拿 100 元的價值相當於一年後拿 158 元，而今天損失 100 元的價值相當於一年後損失 133 元。

遠期損失、收益的貼現率不一致：

遠期的「收益」比較不值錢，貼現率更高。

遠期的「損失」，更為值錢，則貼現率更低。

甚至有人對「損失」的貼現率為負：他們寧可今天損失 100 元而不是未來損失 90 元。

抉擇取決於人的先前的期望

小明和小剛各自預訂了一輛「拉風」牌汽車。小明的兩個月後可以交車，小剛的四個月才可交車。

兩個月後，經銷商分別通知他倆，告訴他們現在有兩種選擇。

Ａ：馬上可以提車。

Ｂ：再等兩個月提車，免費給他們的汽車加個電動按摩座椅。

請問誰比較有可能等待？答案是小剛比較有可能等。

小明的選項是：Ａ（應該）馬上可以開著兜風的汽車；Ｂ兩個月後到手的一個更「拉風」的汽車。

選項Ａ是小明的現狀和參照點（reference point）。損失規避會讓他保留選項Ａ，否則他會很痛苦。同時對未來的好處貼現，讓選項Ｂ不那麼吸引人。

總體作用偏向選項Ａ，所以小明較有可能選Ａ。

小剛的選項是：Ａ馬上到手的一輛汽車；Ｂ兩個月後到手的一輛更「拉風」的汽車。選項Ｂ成了小剛的現狀和參考點（他本來就要再等兩個月），損失規避會讓他害怕放棄選項Ｂ，但是對未來的收益的貼現讓選項Ｂ不那麼吸引人。

綜合來算，總效果沒有對小明那麼強，所以小剛比較有可能等待。

景氣指數與投資儲蓄

特韋斯基、卡尼曼以及泰勒，這三位較為關注微觀經濟行為。而魯文斯坦則比較關注宏觀經濟行為，比如投資和儲蓄的影響。

魯文斯坦認為，在不景氣的年頭，讓人們去投資和儲蓄是很困難的。因為此時期對消費者投資和儲蓄帶來的（未來）收益打折比較狠，除非有

很高的收益率才能吸引他們去投資和儲蓄，同時不景氣時人們把從降低的收入裏拿出錢來投資和儲蓄當成（今天的）損失，這樣更是要迴避。

因此，在經濟不景氣的時候，和傳統經濟學的預測相比，投資者更會減少投資，消費者會加倍減少儲蓄。但是市道好時，特別是發了獎金，消費者反而會更高比例地增加儲蓄。

負債規避

負債規避，是魯文斯坦最有趣的發現。

可以說它是對損失規避原理，以及泰勒心理帳戶理論在分期付款消費領域的一個證實。

負債規避是很多情況下，人們不喜歡負債分期付款消費，但是，話說回來，有些時候，人們又喜歡負債分期付款消費。

先做個調查：

假設你準備去你最想去的度假勝地旅行，旅行社報價是 50000 元。假設這個旅行社聲譽相當好，所以不必考慮欺詐的問題。它有兩種付款方案供你選擇：

A：一次性付費方案。從旅行之前一次付費 50000 元，包含飲食、住宿、交通等。

B：分別付費方案。飲食、住宿、交通等項目分別繳費，也就是消費一次，掏一次錢，累積起來是 50000 元。

你選哪種

根據傳統經濟學的理論，錢是有時間價值的，當然是方案 B 合算。但魯文斯坦的研究證明，大部分人會選方案 A。參加旅遊團旅遊，乾脆一次繳清旅行所有的費用和分次買單，可能路線、費用都一樣，但舒服度是完全不同的。前一種是怎麼玩樂怎麼高興，因為不用再想掏腰包的事兒了。後一種情緒變化會比較大，因為不斷地在掏錢。

再做一個調查：

你希望買一台電視，價格 50000 元，正好某家電商場有分期付款業務。

你也有兩種選擇，第一種是一次付清，第二種是分六期付，免利息。

魯文斯坦的實驗證明，這時人們的答案反過來了：84% 的人選擇分期付款。

消費愉悅 VS 支付痛楚

人們為什麼會對負債會產生兩種截然不同的態度呢？

比如說旅遊，雖然分次付款有經濟上的好處，但是一次次付款的痛楚，會降低了他們的愉悅感。

根據泰勒四原則和損失規避原理，我們知道，我們在消費的愉悅同時，還要經歷支付的痛苦。把這旅遊的享受和支付的痛苦分開，一個人才會更快樂。同時，如果付錢有一種痛感在裡面，那不妨把這些痛一步到位。

但如果每次能把消費愉悅和支付痛楚放在一個帳戶裏，比如，你在每期付錢時，想起了高科技電視與駕駛著「拉風」汽車，這些快樂可以沖銷部分分期付款的痛楚。

支付的痛感閾值，決定了你吝嗇與否

沒有人喜歡別人用「吝嗇」或者「揮霍」來形容自己，但這兩個詞卻可以很好地注解一個人消費行為傾向。

魯文斯坦指出，所謂「吝嗇」是指那些「在花錢之前感到心痛」的人，所以他們實際花費的總是比自己希望花費的要少。而所謂「揮霍」的人，是指在花錢的時候「根本沒有太多感覺」，所以他們總是比自己原本打算花的要多。人們所感受到的「付錢的痛苦」的程度決定了他們是「吝嗇鬼」還是「揮霍狂」。

魯文斯坦和同事史考特・瑞克做了兩項實驗。

在為期 5 個月的時間裏，538 名學生被告知，為感謝他們完成亞馬遜網站的調查，亞馬遜公司將贈送給他們每人一整套ＤＶＤ影碟。

ＤＶＤ將在 28 天內免費送達。其中一部分學生被問到是否願意支付 5 美元來換得次日快遞ＤＶＤ。

而另一部分學生則被告之，他們只需支付區區 5 美元的手續費來換得次日快遞ＤＶＤ。

調查結果顯示：雖然「吝嗇型」的人對「手續費」要敏感得多，但是，

願意支付「區區 5 元手續費」的人比支付「5 元」的人多了 20%。

而「揮霍型」的人則對費率是如何制定的完全不關心，他們只關心拿到ＤＶＤ的時候有多麼高興。

在第二項實驗中，魯文斯坦改變了假設的前提，即人們花 100 元按摩，有兩種選擇，第一種是可以緩解背痛的盲人按摩，第二種是為了享樂的泰式按摩。

研究結果顯示，為緩解背痛而按摩的人在付錢的時候要比為享樂而按摩的人爽快得多；而「吝嗇型」的人付錢的時候要比「揮霍型」的人心疼得多。

「吝嗇型」的人中願意花錢按摩的要比「揮霍型」的人少得多，但最終的差別還是要取決於按摩是怎樣界定的：在選擇享樂型按摩的人中，「揮霍型」的人要比「吝嗇型」的人多 26%，而在選擇功能型按摩的人中，「揮霍型」的人只比「吝嗇型」的人多出 9%。

延伸閱讀

小氣鬼和敗家子是天生一對

你是否遇見過這樣的事情：節儉的丈夫娶了個敗家的太太，摳門的老婆找了個愛揮霍的老公。難道是冤家不聚頭？

小氣鬼與揮霍者往往相互吸引，容易配對成為夫妻，這其中到底有什麼玄機？

大約 2004 年，卡內基梅隆大學行為經濟學教授魯文斯坦和同事史考特·瑞克（Scott Rick）教授，設計了一種 ST-TW（揮霍-吝嗇）調查問卷，來評估「花錢習慣的個體差異」。

問卷要求受訪者按 1～11 的等級對自己是小氣還是揮霍進行評分，以此來歸納他們的某種消費行為，並判斷（吝嗇和揮霍）兩種消費習慣哪種更能代表他們真正的消費行為。

魯文斯坦沒有直接要求受訪者對「購物時的情緒」做出評論，因為受訪者可能沒有有意識地總結自己當時的情緒，相反他們要求受訪者「指出自己實際的消費習慣與理想中的消費習慣的差異」。

截至 2007 年的 31 個月中一共有 13327 名受訪者回答了這四個問題。被調查者被分為三類：吝嗇型、中間型和揮霍型。

調查結果非常有趣：

◆ 男人比女人吝嗇得多；

◆ 年輕人比老年人更揮霍；

◆ 受教育程度越高的人越容易吝嗇。

◆ 即使同是揮霍無度的月光族，就總體而言，摳門的人要比揮霍的人多，兩者的比例是３：２。

◆ 總體言之，「吝嗇型」的人對價格更加敏感，而「揮霍型」的人則對產品本身的品質以及「購物所帶來的樂趣」更加在意。

最耐人尋味的是，對已婚人士的調查顯示，越是摳門的人越容易迷上花錢揮霍的人，而越是揮霍的人，越希望找個節儉的對象。

可是，大多數未婚的被調查者都表示，他們想要和一個消費傾向與自己相似的人結婚。事實上，人們口中所描述的理想伴侶的個性，往往與現實中真正吸引他們的伴侶性格完全不同。

按照傳統貼現效用理論，人們應該擁有正的時間偏好。

　　也就是說，如果時間有價值的話，理性人應該盡可能在現在享受好東西，比如成果、勝利、效用、收益、利潤、奢侈等，而盡可能地推遲未來去承受的壞東西，比如苦難、悲傷、支出、成本、失敗和拮据等。

第十章：過度自信

——認知自大與錯誤研判

控制也許只是幻覺，資訊也許只是垃圾，理論也許只是病毒。

謙遜，通常是自負者欲揚先抑的詭計。

——培根

愚人做蠢事並不稀奇，聰明人做蠢事才叫人笑破肚皮；因為他會使出渾身解數，來證明自己是個笨蛋。

——莎士比亞

進化心理學告訴我們：樂觀，或者說自負這種東西，潛伏在人類的基因裏。這種東西一度非常重要，它幫助我們的祖先在風險中存活下來，試想，一個人日日夜夜想著被野獸吃掉，不精神崩潰也會患憂鬱症的。兩個實力相當的人如何在搏鬥中勝出？靠的是信心膨脹，狹路相逢勇者勝也。

行為經濟學的過度自信理論（Over Confidence Theory）認為，大多數人會高估自己的能力、知識和智慧（包括那些自我意識很健康，以及那些非常缺乏自信心的人）。

傳統經濟學假設人是理性的，行為經濟學偏偏要證明人是非理性的。按照行為經濟學的說法，我們都沒有自己想像中的那麼高明。

夜郎自大

夜郎自大的人無處不有，不用多作論證，你也很難不同意。

事實就是這樣，過度自信的情況無處不在，連那些專家、學者都免不了犯這種毛病。

可是，問題在於，你很難認同自己也有這種毛病。

更有甚者，一旦我們開始討論這一傾向，你那神聖不可侵犯的自信心立刻警覺起來：「我應該是比較虛心的！」

過度自信經常讓你跟別人相比，並覺得自己還不算太差，甚至不切實際地自我陶醉。

放眼望去，過度自信的跡象充斥著我們的生活。

過度自信會使我們的記憶變形。有人曾做過一個無聊的調查，發現絕大多數男人會高估自己曾經歷的風流韻事的次數，而女人則會相反，也就是說男人常把自己想像得比實際更風流倜儻，女人則把自己想像得比實際更單純。還有人曾對 500 名已婚女士進行匿名調查，問她們關於男性婚後出軌的機率，平均而言，她們認為男人出軌的機率超過 55％。再問她們自己老公出軌的機率，平均而言，她們認為不會超過 10％。這種統計結果顯然是荒謬的。

自負的創業者

各種創業選秀節目曾經很火熱。許多觀眾感覺裏面的選手表現不過如此，絕大多數是沒有自知之明，跑到電視上自曝其短。可是，真的換成自己，就一定會表現得更好嗎？

統計顯示，大學生創業失敗率則高達 97％以上，如果不是由於過度自信，不會有那麼多人決定去自己創業。以至於亞當·斯密，也不得不承認人們會高估自己賺錢的可能性，「他們對自己產品的荒唐假設」，來自多數人對自己努力的自負幻想。

大多數創業者都知道別人創業成功的可能性不大，但自己卻前仆後繼。他們實在不應該這麼樂觀，也不應該這麼自信，因為有大部分的小企業，壽命不到 4 年。換句話說，大多數小企業老闆都相信他們有能力克服困難，打出一片天下，可惜大多都是竹籃打水，一場春夢。

傻瓜力量大

你是情場高手嗎？一項無聊的調查顯示，大約 83％的法國人認為，自己調情的本領是一流的。

客觀地劃分，應該 33％的人一流水準，33％的人一般水準，33％的人一般水準以下。

這個無聊的調查顯示，人類普遍存在有認知自大的現象。

好聽一點的說法，這叫自信，畢竟這種心態能使我們能夠積極地面對生活，無畏地面對種種生活的考驗。

但是，按照理性的分析，這種自信很可能是過度自信，它會讓我們遭受挫敗。

話又說回來了，有很多事情就是靠人們這種傻傻的自信成就的。大自然優先賦予人類的天賦，是存活與繁衍，理性只是存活的工具之一。

「傻瓜力量大」，是有一定道理的。在自然選擇的過程中，「自欺」可以給人以勇氣，可以「欺騙」對手，從而在鬥爭中存活下來。

精神病學上有所謂「自大妄想」一說，但是研究顯示，對自我的認知有輕微的自大傾向才是正常的，絕對自知之明的人反而會有憂鬱傾向。

計畫謬誤

要瞭解過度自信，以及造成這種心態的理由，還有一個辦法，就是檢討心理學家所謂的「計畫謬誤」。這種現象是我們人類常見的毛病，比如說拖拉、不能按時完成工作等。

在我們日常生活中，經常有許多事情超過預定時間才能完成。

美國的《個性與社會心理學》期刊，曾經發表了一篇有趣的研究報告。這項研究要求一批心理系的學生，盡可能正確估計他們需要花多長時間，才能完成學術論文。

主持這項研究的學者羅傑・布勒也要求這些學生估計「如果一切順

利」，以及「如果非常不順利」，他們需要多少時間才能完成論文。

結果，一般學生估計他們平均要花 33.9 天才能完成論文。但是，如果一切非常順利，平均要花 27.4 天。如果一切非常不順利，就要花 48.6 天。

事實上，這些學生最後平均花了 55.5 天才完成論文。

一屆長達 31 年的奧運會

1957 年，澳大利亞決定興建一座歌劇院，當時預算的工程費是 700 萬澳元，計畫 1963 年初完工。結果歌劇院直到 1973 年才落成，規模比預想的要小很多，卻花費了 1.04 億澳元，相當於現在的 6 億多澳元。

1976 年，加拿大蒙特婁爭取到了奧運會的主辦權。市政府宣佈，整個奧運會只需花費 1.2 億美元就夠了。田徑賽場將設在世界上第一座裝有活動屋頂的體育館。結果是奧運會如期舉行，可是這座體育館的屋頂直到 1989 年才完成，僅此屋頂就花掉了 1.2 億美元。為此，蒙特婁市欠下了大量債務。

2007 年年末，蒙特婁傳出消息：1976 年奧運會的債務終於還清。對蒙特婁人來說，奧運債務一日沒還清，奧運會似乎就沒有完全結束。可以說，這是一屆長達 31 年之久的奧運會，終於可以謝幕了。

類似的建築，在世界上各個城市都能找到，它們是人類認知自大的紀念碑。

災難的根源

根據我所有的經驗，我沒有遇到任何……值得一提的事故。我在整個海上生涯中只見過一次遇險的船隻。我從未見過失事船隻，從未處於失事的危險中，也從未陷入任何有可能演化為災難的險境。

——E. J. 史密斯，鐵達尼號船長，1907 年

但是，鐵達尼號卻於 1912 年沉沒，成為歷史上最著名的沉船事故。

我們再來看兩個「小機率事件」。

在車諾比核洩漏事件發生前兩個月，烏克蘭能源與電氣大臣這樣說：「這裏發生洩漏是一萬年都難遇到的。」

在挑戰者號太空梭的第 25 次發射之前，美國 NASA 的官員「對飛行風險的估計是十萬分之一」，也就是這樣的風險估計大致等於太空梭在 300 年的時間內每天發射，也只可能產生 1 次事故。

如此的自信，卻毀於瞬間。

美國挑戰者號太空梭失事以及車諾比核洩漏事件的原因，如果不是官員為了保住飯碗而撒謊，那麼一定是因為過度自信。過度自信給人類帶來了難以撫平的傷痛和慘痛的教訓。

省小錢，費大事

有個人，買了間中古屋，需要把門鎖換掉。換鎖還不是小事一椿？為什麼要讓防盜門公司白白賺這些錢？自己去五金店買了副防盜鎖來換鎖芯，不是簡單、省事又省錢嗎？

結果呢，浪費了一下午時間，擰壞了兩把螺絲刀還是沒有解決問題。最後不得不讓防盜門公司的工人來。

再如，有些人討厭仲介，出租房屋，掛出謝絕仲介的牌子。以為這樣可以省掉一些費用。然而，房東可能低估了這項工作的複雜性，又高估了自己處理這些問題的能力。

一些房東最後還不得不去找房產仲介。就連那些成功出租房子的屋主，也並不見得省下了什麼錢，因為成交的房租可能不是最佳的。甚至有房東因一些預料不到問題與房客對簿公堂。

過度自信導致交易頻繁

一個對自己沒有任何信心的人是不會去投資的，更不要說投機。作為投資者，必須避開過度自信的心理陷阱。

研究顯示，過度自信的投資者會頻繁交易。

心理學家發現，在男性化的職業範疇，比如體育競技、組織領導、財務管理等，男人比女人有著更嚴重的過度自信。因此，男性投資者比女性

投資者交易更加頻繁。

單身男性投資者又比已婚男性投資者交易更加頻繁。

經濟學家布拉德‧包伯和特倫斯‧奧迪恩的調查顯示，單身男性的帳戶年周轉率平均為 85％，已婚男性的帳戶年周轉率平均為 73％。

在包伯和奧迪恩的另一項研究中，他們取樣 1991 年至 1996 年中的78000 名投資者，發現年交易量越高的投資者的實際投資收益越低。過度自信的投資者比較喜歡冒風險，同時頻繁的交易也會導致交易傭金過高。

交易頻繁不僅會導致高額的傭金成本，還會導致投資者做出錯誤的決定，常常賣出好的股票而買入差的股票。

控制錯覺

參加投資活動也會讓投資者產生一種控制錯覺，人們會對隨機事件產生一種控制錯誤，比如某些擲骰子的賭客希望擲出大點數時，會用力地搖骰盅，希望擲出小點數時，則用力相對輕柔。控制錯覺也是產生過度自信的一個重要原因。

控制錯覺的最主要原因是「主動選擇」。做出主動的選擇，會讓人錯誤地認為自己對這項投資有控制力。

到一家彩券行去觀察，可以發現大部分人是自己選號。儘管自己選號與機器選號，中獎機率完全一樣。但是在買家的內心，卻認為自己選擇的號碼有更多的勝算。

資訊幻覺

傳統的觀念是，資訊越多越好。其實，過多資訊對投資者來說並無幫助，有時反而更像一種雜訊。

過度自信的根源來自「資訊幻覺」——資訊越多，把握越大。心理學家曾經做過一個實驗：

讓賭馬客從 88 個他們認為對計算勝率有用的變數中做出選擇。比如往日賽馬的成績表，馬匹的健康指數等。

先給賭馬客 10 個最有用的變數，讓他們做出預測。

接著，又給他們 10 個變數，讓他們再做預測。

資訊的增加，並未增強預測的準確性，奇怪的是，他們對預測的信心卻大大地提高了。

投資者和證券分析師們在他們有一定知識的領域中特別過於自信。然而，提高自信水準與成功投資並無相關。基金經理人、證券分析師們以及一般投資者總認為自己有能力贏過大盤，然而事實並非如此。

機率盲

過度自信另外一個來源是，決策者對機率事件研判錯誤。

卡尼曼認為，人們對於小機率事件發生的可能性產生過高估計，認為其總是可能發生的。大批「機率盲」的存在，是保險公司、博彩公司賺錢

的心理基礎。

行為經濟學家在研究人們的表現行為時發現，人們買保險的時候，高估了倒楣發生的可能性。他們稱為「對可能發生的小損失投保的偏好」。

透過買彩券暴富，只是一種傳說。可對於「機率盲」來說，這並不是美夢，而是事業。買彩券，中大獎，幾乎成了他們的人生目標。

「機率盲」一心渴望著高額的報酬，卻不顧小機率事件發生的可能性，對百萬分之一的態度與千分之一幾乎沒有差別。

人們這種錯誤的機率研判，是過度自信產生的另一個主要原因。

小提醒：機率盲的特點

高估小機率事件發生的可能性。

對於中等偏高程度的機率性事件，又易產生過低的估計。

對於 90%以上的機率性事件，則認為肯定會發生。

本能地尋求規律

「迅雷不及掩耳盜鈴」這句妙語之後，反映的是大腦這台邏輯機器的滑稽。

有沒有玩過這個遊戲？先是伸出一個指頭，問：這是幾？

答：一。

再伸出二個指頭，問：這是幾？

答：二。

再伸出三個指頭，問：一加一等於幾？

答：三。

以上情形僅僅是生活中的小樂子，無害甚至有益。但在決策中，有人也犯這樣的錯誤。

特韋斯基指出，人類的思維，傾向於從無序中看出秩序，從不規律中找出規律。即便是從一大堆隨機的經濟資料中，也能推出所謂的規律。

正如蜘蛛愛到處結網，人類大腦生來就愛歸納，強迫性地愛總結，就像一種生理需要。

特韋斯基證明，許多事件的發生，完全是由於隨機和運氣因素相互作用產生而出的結果，但是人類卻有著一種表徵直覺推理（representative heuristic）的習慣，即從一些資料的表面特徵，直覺推斷出其內在的規律性，從而產生認知和判斷偏差。

這是過度自信的另外一個來源。

無厘頭的理論

人類歷史盛行著一種古老的謬誤：如果在 A 之後發生了 B，那麼 A 一定導致 B。

假設有位史前獵人，某天聽見一隻喜鵲在叫，接著他獵到了一隻鹿。從此他就認為，這喜鵲的叫聲能帶來好運。

這位獵人打了個噴嚏，接著有位親戚來訪，從此他就相信，打噴嚏必然兆示有客人到來。

只有將不確定性變為確定性，人類才能獲得安全感，才能睡得好，這是亙古不變的思維習慣。

心理學家吉拉維奇（Gilovich）透過對費城 76 人球隊的球迷、教練、隊員的調查發現，大家都有一信念：如果隊員投籃連續命中，大家都相信球員「手感好」，下次投籃還會得分。

事實上，籃球教練也是根據球員「手感理論」來確定攻防戰術的。

但是，吉拉維奇透過大量統計分析卻顯示，手感理論只是一種迷信，實際並不存在這種現象，即同一個隊員投籃的進球情況在統計上沒有任何必然關連。

吉拉維奇的發現在美國體育界引起軒然大波。吉拉維奇居然敢否定大家的常識！這個結論，很難讓人接受。

體會如下理論的荒謬：

長裙理論（Skirt length Theory），經濟學家喬治‧泰勒認為，經濟越不景氣，婦人的裙襬就越長。

1929 年股市崩盤，大蕭條到來的時候，那時婦人的裙襬很長。二十世紀 60 年代黃金時期，道瓊工業指數直上萬點，女裝中迷你裙大行其道。二十世紀 70 年代，阿拉伯國家石油禁運導致美國經濟不振，所以很多設計師都推出長可及踝的裙子。

墨菲定律（Murphy's Law），據說緣於美國一位名叫墨菲的傢伙，他認為他的某位同事是個倒楣蛋，不經意說了句笑話：「如果一件事情有可能被弄糟，讓他去做就一定會弄糟。」

沒有想到竟得到很多人的共鳴。

墨菲定律後來被歸納為「凡可能出錯的事情，必定出錯（Anything that can go wrong will go wrong）」。

生活中存在很多無厘頭理論，用來作為聊天的話題也就罷了，用來指導決策只能使人誤入歧途。

一個好故事，一個妙喻，遠比尋找真相更能打動人類。很多理論的流傳，並非基於其準確性，而是基於其傳染性。

高手，就是對自己誠實的人

索羅斯，這個以哲學為娛樂，言必稱波普爾的投機者，不斷強調自己會犯錯誤，但這絲毫不影響他成為最偉大的投機家。

真正的高手，已經不需要論證自己正確來提升自信。不知道就是不知道，知道自己的無知，是唯一真正的知識。

1979 年，索羅斯創立「量子基金」，以紀念德國物理學家海森伯。海森伯發現了量子物理中的「測不準原理」，而索羅斯對國際金融市場的一個最基本的看法就是「測不準」。

索羅斯認為，就像微粒子的物理量子不可能具有確定數值一樣，證券市場也經常處在一種不確定狀態，很難去精確度量和估計。

有經濟學家曾做過一實驗：

給被試者 12 支股票的市場報告，並請他們預測在給定的時間段內，這些股票將會看漲還是看跌。

實驗結果：這些結果只有 47% 是正確的（比預期還低），但平均的信心度卻達到了 65%。

經濟學家發現：

當準確度接近隨機水準時，過度自信達到最大。

當準確度從 50% 增加到 80% 時，過度自信會隨之減少。

當準確度超過 80％ 時，人們會變得不自信。

也就是說，預測準確度越高的人，越少出現過度自信現象。

頂級交易員、橋牌高手、專業賭徒很少會表現出過度自信，但對於「半瓶醋」，過度自信現象是普遍存在的。

尤其投資新手，剛剛上路時，那種自信，溢於言表。

第十一章：幸福哲學

——快樂的量化與優化

放大快樂，縮小痛楚。悲觀者視為精神嗎啡，樂觀者視為人生哲理。

幸福 = 效用 ÷ 欲望

——保羅 · 薩繆爾森

為自己獲得最大限度的幸福，是任何合乎理性的行動之目的。

——傑瑞米 · 邊沁

甲說：有錢買不到幸福。乙回：那是你不會買。

一位在海邊度假的企業家，好心地勸一個曬太陽的漁夫努力工作賺大錢。漁夫問他：賺了大錢幹什麼呢？

企業家回答：你就可以和我一樣悠閒地曬太陽嘍！

漁夫說：可是我已經在悠閒地曬太陽了啊！

趨樂避苦是人類行為的終極原則，追求快樂是人類行為的終極目的。快樂，也是行為經濟學研究的一個對象。

回到邊沁時代

傑瑞米 · 邊沁是英國的法理學家、哲學家、經濟學家和社會改革者。邊沁認為，最好的社會，就是其中的公民最幸福的社會。也因此，最好的政策就是能產生最大幸福的政策。

邊沁認為，痛苦和快樂應該是可以量化的。卡尼曼在《回到邊沁》一文中，主張讓經濟學的基礎，從馬歇爾的效用，回到邊沁的價值（快樂）。價值，是一個感性的，又大致可以量化的概念。

幸福微積分

大量的小好消息比一個大好的消息更令人感到幸福。經常「露露臉」比漫長奮鬥後一鳴驚人的人會更感到幸福；每天逛街一次比每月購物一次更讓人感到快樂；老闆發給員工每月一次小額獎金比一年一次發同等大額獎金更令員工感到幸福。

憂愁是可「微」的，快樂是可「積」的，我們運用行為經濟學的原理，可以將快樂最大化，痛苦最小化。卡尼曼將這種哲學稱為「幸福微積分」。

泰勒四原則

泰勒把自己的心理帳戶理論，推演成四個原則，幫助我們的快樂最大化。

原則一，好消息要分開說。

原則二，壞消息要一起說。

原則三，小好大壞分開說。

原則四，大好小壞一起說。

施恩於人，宜點滴漸進

行為經濟學家發現，幸福感，更多地取決於正面情緒出現的次數，而不是正面情緒出現的強度。

好像是馬基維利講過：施恩於人，要點滴漸進、累次疊加，不宜一次全給。

比如，你是個富翁，想贈予某人 100 萬。如果一次全給，不但會給被施予者沉重的心理負擔，而且效果沒有分次給要好。

如果你分若干年，以不同的形式給予他，效果可能會比一次給一百萬效果好得多，對方也會更快樂。

各種道理，還可以用在員工薪酬制度的設計上，具體如何操作，就不再贅述了。

老張中了一張 1000 元的樂透彩券。

老沈中了一張 200 元的統一發票，和二張 400 元的樂透彩券。

這兩位誰比較快樂？

多數人都會認為老沈比較快樂。

我們可以把「原則一，好消息要分開說」這樣推演。如果有多個經濟活動均涉及「好處」，盡可能地單列。

長痛不如短痛

有個故事，話說樓上的年輕人喜歡穿大皮靴，深夜歸來習慣隨手扔靴子引起巨大聲響，樓下的老人家睡得早、又淺眠，動不動就被小夥子引起的聲響所驚醒，時間長了老人家反而養成了聽到兩聲靴響再入睡的習慣。

一天夜裏，年輕人在扔下了第一只靴子之後，突然想起了樓下老人家的提醒，第二只靴子就被輕輕地放到了地板上，不知道年輕人變化的老人家，卻為了等候第二次靴聲而整整等了一夜。

細雨常潤的幸福感，比久旱逢暴雨的大幸福效用更大。而痛苦的感覺正好相反，正所謂長痛不如短痛，這也就是所謂的「損失統合」。鈍刀子殺人比較殘忍，有什麼壞事兒倒不如來個痛快。當然，有時候人們會自覺地統合損失，合併痛苦，所以，一些黑心的殯葬商人，會在人們失去親人的時候，狠敲一筆，而人們卻不那麼敏感。

好馬配好鞍

雖然，對很多人來說，購物是一種樂趣，刷卡是一種痛快，但一定要相信，人在付款的時候是有痛感的。

稍微高級一點的鞋店裏，會同時賣幾款鞋油，並且這些鞋油都挺貴。可以想像，既然已經花數千元買了皮鞋了，還會在乎幾百元買盒鞋油嗎？顧客的心理帳戶就是這樣被摧毀的。

天價裝修材料也是在這樣的情形下賣出的，都花 2000 萬元買間房子了，還會在乎 1 萬元買個天天都要用到的馬桶嗎？很多人都會自問：馬都買了，還配不起鞍嗎？

很多人都會有這種想法：既然痛苦不可避免，索性讓痛苦一次完成。

根據「原則二，壞消息要一起說」，企業在銷售昂貴的東西的時候，盡可能地創造搭售的選配配件，它們比較容易賣給顧客。

比如很多汽車的選配配件，也是這麼被推銷的。有經驗的汽車銷售員，常常報一個加了選配配件的總價格，而不是單獨強調某一個選配配件的價格，讓你覺得和標準型一比，其實總開支沒加多少。

先報喜，後報憂

有一則老掉牙的笑話，說有兩個消息，一個好消息，一個壞消息。你們要先聽哪一個？

壞消息是：我們已經迷路啦，只能吃牛糞了！

好消息是：有很多牛糞。

其實，在好消息和壞消息不變的情況下，公佈的方式不同，效果（笑果）也會不同。

我們把前面的笑話中惡搞的成分去掉，稍作改編，有兩個消息，一個好消息，一個壞消息。你們要先聽哪一個？

壞消息是：我們已經迷路啦，只能吃蘋果了！

好消息是：有很多蘋果。

顯然，先報喜，後報憂，帶給大家的快樂要多一些。

金融危機發生了，老張的股票損失了 90 萬元。

老沈在這次金融危機中損失了 100 萬元，但是投資的房產賺了 10 萬元。

這兩位誰會比較鬱悶？

當然是老張。

如果有某個經濟活動涉及大筆開支或損失，同時有某個經濟活動減少了一點該損失，就應把該經濟活動單列出來。

利好可以「沖喜」

為什麼「原則四，大好小壞一起說」？因為大好事可以拿來「沖喜」。

張三的某部稿子，從出版社領取 30000 元稿費，但張三必須自行繳納 2000 元稅費。同樣的稿子，張三只從另一家出版社拿到 28000 元，由出版社代繳代扣了 2000 元稅費。

哪種情況，對張三來說比較愉快呢？

事實上，扣除所得稅比直接讓人去繳稅更好受一些。這廣泛應用於從月收入中扣除一部分收入來支付各種商業保險和分期付款。

老張等老闆發獎金，自己估計是 3000 元。獎金到手，果然是 3000

元。但是一周後財務打電話說獎金發錯了，要老張退回 500 元。

老沈也等老闆發獎金，自己估計也是 3000 元。但是一周後，獎金到手只有 2500 元。

他倆誰比較鬱悶？

多數人認為老張會比較鬱悶。

大的好事可以達到「沖喜」的效果。如果有某個經濟活動涉及開支或損失，可以找個另外有收益且收益超過前述損失事件，讓它們一塊兒發生。

寧送「雞首」，不送「牛後」

俗話說：寧為雞首不為牛後。送禮也有異曲同工之妙。

送禮的時候，在一款小商品類別中選擇一個極品，要比在一個大禮物類別裏選擇一個普通物品效果更好。

比如送一支價格二萬元的手機，其效果要好於送一輛價值十萬元的二手汽車，很多送禮高手，都會留意一些高級的小玩意或是小飾品。

送他想要的，卻不想說的

你去朋友那裏，送兩張千元鈔票，他會說你神經病；送袋白米，他會抱怨家裏有的是米。你告訴他，這不是普通米，是 1000 元一公斤的日本

天價米。他或許會立刻對你另眼相看。所以，你應該把對方想要卻捨不得買、想買卻不好意思買、想買卻找不到地方買的東西送給他作為禮物或者獎勵。

比如是一張六星級酒店豪華套餐的高檔餐券、對方急於尋求卻屢被告之售罄的演唱會門票等，既滿足了對方的現實需求，又增添了對方的心理滿足感。

兩好選一好，不如沒的選

選擇意味著放棄，意味著機會成本，意味著決斷力癱瘓。無論是作為獎勵還是要贈予對方禮物，最好不要讓接受獎勵或禮物的人在多項中進行選擇。

試想一下，你有兩個佳偶可供選擇，兩者各有千秋，各有妙處，但只能選一個，會是多麼糾結？答案是，很多人會有一種「我放棄了另外一種選擇的感覺」，並且為此而患得患失，十分的不痛快。

所有在兩者之間選擇其一的人中，多數人會在選擇時猶豫不決，並且在選擇之後又後悔自己當初沒有接受另外一個選擇。

快樂是目的，也是過程

魯文斯坦教授曾經做過這樣一個實驗：告訴一組大學生，他們過一會兒有機會得到一個吻，而且是來自自己最喜愛的好萊塢明星，另一組被告

知在一周後得到同樣一個令人激動的吻。

後一組學生的滿足程度高於前一組，因為他們在期待的這一個星期裏每天都會以非常真實的心態想像自己和最喜愛的電影明星接吻的情形，就好像已經和那個明星接吻好多次一樣。

期待好事的過程，也是一種快樂。從而增強快樂的效果。比如讓情人在期待的過程中提前想像相聚所帶來的歡愉。再比如儘早宣佈送給朋友一個禮物，如果可能實現的話，在開始就給出承諾。

有人喜歡給親朋好友製造意外驚喜，但是這種意外驚喜，卻不一定能夠將歡喜最大化。

幸福鴻溝

幸福、快樂應該是整個社會追求的福利目標，它並不僅僅取決於金錢的數值還取決於我們的主觀感受。比如，人類天生具有「參照依賴」，不去比較的話，我們甚至無法確認自己是否幸福。假如自己比一個親戚一年多賺了幾萬元，就會私下沾沾自喜。別人在房價便宜時買了房，自己沒有買，就會有嚴重失落感。所以，孔子早就呼籲：「不患寡而患不均」。

在悲觀的叔本華的眼裏，人間是一番愛莫能助的淒涼景象。即便如此，這位悲天憫人的哲學家有時也會暫時放下形而上的基本觀念，寫一些教人苦中作樂的「人生智慧」。

行為經濟學的使命之一是增加人類的福祉。行為經濟學認為：金錢的

效用是相對的。這就是財富與幸福之間的悖論。

　　人類的終極追求是幸福，而不是金錢。因為，從「效用最大化」的觀點來看，能夠使我們在生活中產生最大愉悅感、滿足感的並不是財富，而恰恰正是幸福本身。

　　華人經濟學家黃有光提出了「幸福鴻溝」的概念：「總體而言，在收入水準非常低的時候，收入與快樂之間關聯度較為緊密，但儘管如此，在影響個人快樂的所有變數當中，收入決定快樂的比重仍不超過2%。」

　　「幸福學」的創立者，旅美華裔經濟學家奚愷元也認為，財富僅僅是能夠帶來幸福的很小的因素之一，人們是否幸福，很大程度上取決於很多和絕對財富無關的因素。

　　當然，幸福也與我們自己的心態有關。所謂山不轉水轉，水不轉路轉，路不轉心轉。在最後關頭，你可以拿走一個人所有的一切，只除了一樣，那就是人最終的一種自由——去選擇自己在面對任何處境下的態度的自由。

強調雙贏，促進合作

　　人類具有「損失厭惡」傾向，這是一個要時刻牢記的法則。同樣是一百元，失去一百元給我們帶來的痛苦遠比撿到一百元給我們帶來的快樂要高。造物主給了人類「一顆不對稱的心」。人們對於獲得和損失的敏感程度是不一樣的。損失的痛苦要遠遠大於獲得的快樂。同樣數量的損失所

帶來的痛苦，是獲得所帶來快樂的兩倍多。

在商務活動中，要儘量迴避提到對方可能有的損失，而是要強調雙贏，從而促進合作的成功。

當時只道是尋常

有一則愛情箴言說道：不要因為寂寞去戀愛，時間是個魔鬼，天長日久，如果你是個多情的人，即使不愛對方，到時候也會產生感情，到最後你怎麼辦？

世上總不乏這樣的男人或女人，不瞭解人類的「稟賦效應」，抱著試試看的心理和對方相處。等真的要離別的時候，卻發現已經分不開了，於是上演了各種奇怪的分分合合的愛情劇。在情愛上，得到與割捨，快樂與悲傷，也是一筆不對稱的糊塗帳。

好花堪折須適時

一則古老的愛情神話說，上帝將人一分為二，所以人一來到世上就在尋找自己的另一半……這種說法很浪漫，但它真正的意思是：有（而且只有）一個最佳答案。

弱水三千，你可知哪一瓢最甘美？

無垠的麥田，你可知哪一株麥穗最大？

假如上帝告訴你，從你 18 歲到 38 歲，每年會有 5 個和你有緣的人出現，但你只能有一次婚姻。

你該怎麼選擇自己的終身伴侶？如何從他們當中挑選最好的一位作為結婚對象？如果太早結婚，就等於放棄了那些可選的對象。如果你想騎驢找馬，那麼違反了遊戲規則。

但時光不等人，等你左挑右選，把一切都規劃好了，意中人可能早就成了別人的配偶了。

現在就來場「模擬人生」吧。理智告訴你，不應該選擇第一個遇到的人，他是最佳伴侶的機率只有 1%，同樣地，第二個人、第三個人，甚至後面的人，情況都一樣，每個人都只有 1% 的機率成為最佳伴侶。

問題是：假如你遇到的頭一個碰巧是最好的那個呢？你把他淘汰掉了，以後約會的對象將會「一個不如一個」，豈不是遺恨終生嗎？

遇人不淑，卻要年年月月在一起，或遇到最值得愛的人沒有抓牢，這是流行歌曲永恆的主題。

人在上了年紀以後，事業成功帶來的幸福感會越來越小，而感情寄託，家庭價值會顯得日益重要。從這個角度看，過於晚婚並不合算，應了一句詩「花開堪折直須折，莫待無花空折枝」。

理性人生應該追求幸福的最大化和痛苦的最小化，所以，應在婚姻的時間和收益的關係上找一個均衡點。

人類在抉擇面前，並沒有比「布里丹之驢」聰明多少。

布里丹，這個喜歡諷刺人類愚蠢的哲學家，最後和蘇格拉底一樣，不得善終，被人裝進布袋投進了河裏。

想做就去做

美國人說，一個人如果 20 歲時不 Beauty（美型）、30 歲時不 Healthy（健康）、40 歲時沒 Money（財產）、50 歲時仍 Donkey（蠢驢），就要永遠和生命中最美麗的事情說 Bye-bye 了。

人類會為做了某些事感到懊悔，但更會為沒有做某些事追悔莫及。因為，人的生命是有限的。

回首的往事，哪些事情讓你比較遺憾？是自己沒有做的事情，還是已經做了的事情？大部分人一生中感到最懊悔的，卻是該做而沒有做的事情。有些事情，該爭取就爭取。千萬不要等年老後才來罵自己：這個不敢做，那個不敢拼……

「忽略的懊悔」都是經過一段時間才能形成，這與「行動的懊悔」不一樣，比如買錯股票賠了錢，馬上就會感到心痛。

此外，「行動的懊悔」多是短期的，可是該做的事情如果沒有做，就長期來看卻更為痛苦。

唯一嚴肅的哲學問題

加繆說，自殺是唯一嚴肅的哲學問題。但這也是個非常令人掃興的問題。

To Be or Not to Be（生存，還是死亡）？這不只是哈姆雷特的困惑。也是不少經濟學家的爭論不休的問題。

30 歲自殺最遺憾

媒體常有報導，三十來歲、風華正茂的人死了，不是車禍、不是疾病，而是自殺。人們常常賦予自殺者一種特質：勇敢或懦弱。我們也不妨從理性的角度去分析這個問題。

根據研究，人一生的快樂程度是小時候和老的時候比較高，而 30 歲時最不快樂。從大學畢業到 30 歲這個階段，人的壓力最大，30 歲時面臨著賺錢、買房、養家、職業發展等多重難題。但這些問題隨著時間推移，最終會得到不同程度的解決。所以，30 歲左右自殺是最不經濟的，因為此後人的快樂程度會不斷增加。也許，現在只是黎明前的黑暗，再撐一下，就會柳暗花明。

自殺行為，通常是當時感覺是理性的抉擇，但過段時間再看，可謂愚蠢之極。

挺住意味著一切

自殺對個體而言或許是一種解脫，但對家人的傷害，卻是殘酷而漫長的。好死不如賴活著。這是一句看似庸俗，卻包含著對生命的大崇敬、大勇氣的話。而另一句名言則流傳更廣：**不成熟男人的標誌是可以為了理想壯烈地犧牲，成熟男人的標誌是可以為了理想卑賤地活著。**

100 多年前，奧地利詩人里爾克寫下著名的詩句：「有何勝利可言？挺住意味著一切。」

或許有時活得不如螻蟻，或許有時生命又被賦予了太多的意義，但活著本身，就是生命的最大意義。

勸人自殺的哲學

2000 年 11 月，荷蘭國會表決通過了安樂死合法化，使荷蘭成為全球第一個可以讓醫生為病人執行安樂死的國家。

這說明，某些自殺行為，是經過深思熟慮的「理性」選擇。但自我的快樂是唯一的終極價值嗎？

如果是，則完全可以推演出一套勸人自殺的哲學。因為幫人脫離苦海，同樣「勝造七級浮屠」。

不是所有的問題都可以用理性來解釋的。在神聖的生命面前，人類智力應有適度的謙恭。

快樂，不應該是人類唯一的終極價值。

總有一些事情，雖苦猶甘。責任感、使命感、對生命的敬畏，這些不是快樂兩個字可以解釋清楚的。把個人的快樂作為唯一終極價值，是否犯了與傳統經濟學理性假設如出一轍的錯誤？

敬畏生命

　　且不說生命的出現是一件極小機率事件，文明的出現更是近乎不可能的事件，單就一個特定的精子能遇上一個特定的卵子，其機率又有多少？

　　在生命這件事情上，真的是眾生平等的。住在公園裡的流浪漢和征服世界的皇帝是一樣尊貴的。

　　在高貴的生命面前，不要被一些細節迷惑，不要被一些妖言蠱惑。不要再像一個忘恩負義、貪得無厭的傢伙，「獲贈了一套豪華別墅，還要抱怨裏面的浴缸不夠完美」。

　　雖然說，「不滿足是向上的車輪」，但知足常樂也是恆常的哲理，人生的期望值（參照值）應該隨時調節。正所謂境由心造，誰也沒有權利規定你必須怎樣才能快樂。

延伸閱讀

國民幸福指數

「國民幸福指數」又稱國民幸福總值（GNH，Gross National Happiness），是一個新興概念，由不丹國王吉格梅・辛格・旺楚克提出。吉格梅・辛格・旺楚克認為「政策應該關注幸福，並應以實現幸福為目標」，人生「基本的問題是如何在物質生活（包括科學技術的種種好處）和精神生活之間保持平衡」。在這種執政理念的指導下，不丹創造性地提出了由政府善治、經濟增長、文化發展和環境保護四級組成的「國民幸福總值」（GNH）指標。

如果說國內生產毛額（GDP）和國民生產毛額（GNP）是衡量國富、民富的標準，那麼國民幸福指數（GNH）就是衡量人們對自身生存和發展狀況的感受和體驗，即人們常說的幸福感。

與過去推崇「生產總值」時的「物質為本、生產為本」經濟模式相比，「幸福總值」更多的是對「以人為本」理念的表現。

所以，不丹國王制定政策的原則是：在實現現代化的同時，不能失去精神生活、平和心態和國民的幸福。在不丹，幸福並不是由擁有或佔有的財富決定的，而是由人們擁有的知識、生活技能、理想、同情心、互相合作等因素組成的。

第十二章：九重幻象

——思維的盲點與陷阱

人類天生註定會犯糊塗，關鍵在於如何不在關鍵時候犯糊塗。

認識自己的無知，是唯一真正的知識。

——蘇格拉底

上帝不但擲骰子，有時還會擲得無影無蹤。

——史蒂芬・霍金

聖哲蘇格拉底曾言：「未經反省的人生是不值得活的。」我們腦海中存在諸多「幻象」，有些後天習得，有些根本就是與生俱來。一致性、成見、解釋的衝動、自相矛盾……存在於我們的大腦，這需要吾輩每日三省吾身，從而破除執念，跨越迷障。

倖存者謬誤

曾經聲名狼藉的投機家維克多・尼德霍福坦言：「在我年輕的時候，人家叫我賭徒，操作規模變大之後，人家叫我投機客。現在，大家都尊稱我為銀行家。其實，我從頭到尾做的都是同樣的事情。」

一千名投機者參加一場模擬的俄羅斯輪盤賭博遊戲，每六個月進行一次闖關遊戲。

槍裏裝兩顆子彈。（這樣比較接近做市場決策時的成功機率。）

爆頭遊戲第一季：大約 300 名倖存，700 名喋血於市。

爆頭遊戲第二季：大約 100 名倖存，200 名被爆頭。

……

走到最後，只剩下 1 名投機者。他還出了書，叫做《贏了》。不讀你也可以猜到，他的書可以濃縮成一句話：他總是在正確的時候做了正確的事情。他會說自己之所以闖過鬼門關，是因為自己機靈。

投資市場，哪位投機者倖存下來了，立刻就會成為媒體的熱點。這更可能是媒體假裝無知，人們都喜歡用表面的東西理解世界，比如連續 10 年贏利，這人一定具有很深刻的洞察力。或者是媒體的噱頭，為了抓住大眾目光，誇張的溢美之詞層出不窮。

這是典型的「倖存者謬誤」：一個懵懂的成功者只是因為幸運存活下來了，卻成為人們效仿的榜樣，而其他 999 個死者卻被人們遺忘。

暴得大名，妄奪天工

組織兩千萬群眾，大家一起玩一個拋硬幣的賭局（本書所提硬幣，都假設絕對均勻）。

正面算贏，反面淘汰。每天拋一次，逐場 PK。輸者罰一元，退出遊戲。最後剩餘 10 名贏家分享兩千萬元獎金。

根據大數法則，第一天將近一千萬人淘汰。

第二天，大約還有五百萬的幸運者。

第三天，大約還有二百多萬的幸運者。

第四天，大約還有一百萬左右的幸運者。

第 N 天，產生了 10 名倖存者。

他們是走運呢？走運呢？還是走運呢？

是他們擲硬幣的技術比別人好嗎？

是他們比較聰明嗎？

是他們學歷比較高嗎？

無他，運氣而已，只是運氣。

機率法則，是偶然中的必然。

可是，有些人就是不肯承認運氣。把運氣視為為唯心主義的人，才是真正的唯心主義者。

還有人試圖從這 10 人中尋出共同特點：如身高、樣貌、性格、學歷，於是，成功學誕生了。

成功學的思路是，先提出一個論點，然後尋找論據。正如一個律師，不會給自己的當事人網羅不利證據。他們對相反的證據視而不見。

成功學大師經常開出如下藥方：

（1）謙遜

（2）自信

（3）勤奮

（4）堅韌

這些當然是普世價值，但大師沒有見過成功的狂徒嗎？人究竟是成功後變得自信，還是自信後才成功？明明有電梯，為什麼非要爬樓梯？明明有座橋，為什麼還要摸著石頭過河？

成功學的本質就是把小樣本中的特徵，強推到大樣本中。

冒牌管理學家也一樣，他們都不知道（或假裝不知道），大的成功，多是基於運氣。

甲專家：多元化戰略更能讓企業在市場競爭中立於不敗之地，不要把雞蛋放在同一個籃子裏。

乙專家：專業化的企業存活率高，也更長壽。

他們假裝沒有看到，專業化的路上枯骨無數，混合經營的路上也是屍橫遍野。存活只是機率，挫折乃是必然，成功多是運氣。

吃到的檸檬是甜的

人會本能地貶低得不到的東西的價值，同時不自覺地抬高已得到東西的價值（比如「稟賦效應」）。

一隻狐狸試圖去把長在樹上的葡萄藤上的一串葡萄拿下來，但不成功，於是就離開，並怨恨地說：「那一串葡萄是酸的！一點也不好吃！我才不稀罕呢！」

《伊索寓言》中的這段話反映了大自然給我們的一種防禦機制，把沒有（或無法）吃到的葡萄想成是酸的。

相對於「酸葡萄」心態，人類還有一種「甜檸檬」心態。我們會把吃到的「檸檬」當做是甜的，誇大自己已經得到的「檸檬」的價值。

張三認為某品牌手機華而不實，自從朋友送他一款後，他就改說該品牌手機品質好，後來換手機了，張三又買了同樣一款品牌的手機。

某甲結婚前對另一半不太滿意，與約會時不同，婚後則不斷地誇自己另一半的優點。

某乙意外考入一所並不情願就讀的大學，入學一個月後，反而大誇自己的大學真好。

選擇你愛的，你將更愛你選擇的

有句格言說：選擇你愛的，愛你選擇的。這句話其實可以修正為：選擇你愛的，你將會更愛你所選擇的。

幾個加拿大心理學家透過一項實驗發現，賽馬場上賭客們的一個有趣的特點：一旦下了注，他們就會對自己挑中的馬立刻信心大增起來。

當然，這些馬得勝的機率一點也沒變。同樣是這匹馬，站在同一個賽馬場的同一條跑道上。當賭馬客們最終不能取消對某馬下的賭注時，它的前景馬上就變得樂觀起來。為自己的選擇的合理化，人們會不自覺地誇大選擇對象的優點。

坦然接受不一致性

選擇一項事物的前後，對其可能性的估計產生變化，起源於心理學上的「一致性」。有段話頗值得玩味：

一旦我們做了一個決定或者選擇一個立場，就發自內心或者是外來的壓力迫使我們與此保持一致。而根據這個，我們可以看到人們一旦選擇一個立場，其實就是一個承諾，必須遵守，甚至損害自己的利益也要堅持去做。

索羅斯最懂得如何擺脫「承諾和一致性」的束縛。他四處聲稱自己不可能無懈可擊，所以他從不以自己改變決定為恥。

對付隨機性，他使自己的頭腦保持開放性的思維，也正因為他有這種自知，才有更大的能量。

沉默的證據

有個信徒，拿著一幅畫去傳教，上面畫有一群正在祈禱的拜神像者，他們在隨後的沉船事故中倖存了下來。其寓意在於說明拜神像能保護人們不被淹死。有個還沒有信教的人問：「那些祈禱後被淹死的人的畫像在哪兒？」

死者（失敗者）是沒有發言權的，所以，這些話頗能說服那些粗枝大葉的人。這種情況叫做「沉默的證據」效應。

這就像一個拉你入夥一同創業的人，總告訴你某某大人物放棄了優越的生活，自行創業了，某某人生意做到規模頗大，生活是如何的美好，但卻絕口不提入不敷出的同行。

英國哲學家培根認為，「沉默的證據」效應是一切迷信形成的方式，不論是占星術、解夢、預言、占卜及其他說服手段。

蕭曼・巴納姆是一位著名的雜技師，也是一個臭名昭著的「大騙徒」，講公共關係史的書上愛拿他當典型。巴納姆在評價自己的表演時說，他之所以很受歡迎是因為節目中包含了每個人都喜歡的成分，所以他使得「每一秒鐘都有人上當受騙」。

當我們用一串普通、含糊不清的形容詞來描述一個人的時候，人們往往很容易就接受它，認為敘述中所說的反映的就是自己。這種現象被稱為「巴納姆效應」。

「大騙徒」巴納姆有句名言：「每秒鐘都有一個傻瓜產生。」這個老江湖深知騙術成功的關鍵是「具有每個人身上的一點東西。」而這也正是不科學的人格勾畫、占星和筆跡分析（筆跡學）的共性。

心理學家伯純（Bertram）早在 1948 年就曾做過一個實驗。他告訴他的學生，將為他們實施一項人格測驗，並在施測完後，給每個人「獨特簡短」的人格描述；並請學生評斷此項人格描述是否符合他們的實際個性。

你有時外向、親切、好交際，而有時則內向、謹慎、沉默。你的有些抱負往往很不現實。

你有自我批判的傾向。

你很需要別人喜歡並尊重你。

你有許多可以成為你優勢的能力沒有發揮出來，同時你也有一些缺點，不過多數你可以慢慢克服它們。

你與異性交往有些困難，儘管外表上顯得很放鬆，其實你內心有些緊張。

你有時懷疑自己所做的決定或所做的事是否正確。

你喜歡生活有些變化，厭惡被人限制。

你以自己能獨立思考而自豪，別人的建議如果沒有充分的證據你不會接受。

你認為在別人面前過於坦率地表露自己是不明智的。

學生給予的回饋結果顯示大家覺得測驗結果的人格描述相當準確。而事實上，伯純給學生的人格描述只有一種而且很含糊。

偏見的形成

飛機失事是一個小機率事件，搭乘飛機甚至比走路還要安全。然而，一次飛機失事就會引來全球媒體的關注，足以讓很多人產生「飛行恐懼症」。

其實，走在路上飛來橫禍的也不計其數，每天死在車禍上的人成千上萬，卻鮮有誰患了「走路恐懼症」或「公車恐懼症」。

泰勒教授曾舉過一個例子：「在美國，有一個非常經典的例子就是，

如果你問別人，是自殺比較普遍還是他殺比較普遍？人們會說他殺普遍。但事實上，在很多州，自殺更為多見。造成偏見的原因，正是媒體的作用，因為謀殺在報紙上出現得更多。」

康乃爾大學行銷學與行為學教授愛德華‧拉索曾與同事一起，向一群學生做了這個實驗──

以下是旅遊指南介紹的兩家餐廳，你覺得哪一家較具有吸引力：

A餐廳是本地區少有的幾家高檔餐廳之一，裝飾豪華而羅曼蒂克，有木質雕刻的天花板、大理石鑲嵌的壁爐，牆上還掛著名家書畫，桌上燭光閃閃。餐點包括沙拉、白酒、菲力牛排。一切美味應有盡有，服務一流。

B餐廳是本地區享譽海內的名店，善於為客人提供各種用餐時的高級享受。餐廳設計典雅、大方。餐點以海鮮和牛肉為主，但也有美味的糕點和其他菜肴。主菜包括醬料龍蝦、白酒、莎朗牛排等。

大部分學生認為，這兩家餐廳幾乎沒有太大的差別。這也正是拉索等所要的效果，因為這個題目是他們精心策劃的，目的就是要讓這兩家餐廳看起來差不多。

接下來，拉索等人向另一群學生提出同樣的問題，只不過對提問的方式做了一些變化。

他們不是將對這兩家餐廳的描述一下全講出來，而是一次透露一項類似的特色，像是甲餐廳的菲力牛排對上乙餐廳的莎朗牛排。每提供一項資料，他們就要求學生表明他們的偏好。等這些學生得到所有的資訊，再要求他們做最後的選擇。

這次就不同了，這群學生看出了兩家餐廳之間的差異，因而輕而易舉地選出了他們真正喜歡的餐廳。

學生最後選擇哪一家餐廳並不重要，問題的關鍵在於，他們在聽到第一項特色後，就對這家餐廳「一見鍾情」了，最後也據此做出決定。事實上，在聽到第一項特色就偏向甲餐廳或者乙餐廳的被試者，最後有84％的人還是選擇了這家餐廳。

為什麼第一組被試者感覺兩家餐廳差不多，第二組學生卻能夠看出很大的不同呢？

關鍵在於偏見，拉索教授將這種現象稱之為「偏好偏見」。

人一旦形成了某種偏好，即使只是一個小小的感覺，他們也很容易將新出現的資訊，看成是支援他們的偏好。任何新資訊如果不符合既有的觀點和感覺，他們通常不予理會。

就好比某個女生決定她喜歡單眼皮男生更甚於雙眼皮男生，她就會覺得後來出現的每一種特質，都支持她對「單眼皮」的偏好。單眼皮男生即使有任何特質不如另一位雙眼皮男生，這對她來說並不重要。她可能會這樣想：「不錯，我是比較喜歡單眼皮，雙眼皮哪有單眼皮電力足？」

偏見，說到底，是大腦處理資訊所採取的一種方式。

大腦不能在每一種新環境下僅憑片段就開動，它必須建立在從前所收到過的資訊基礎上。

所以，偏見並不是從本質上就有害的。它為大腦不斷地理解周圍複雜的環境提供了捷徑。

看到老年人用電腦，馬上聯想到他們可能需要幫助；看到一個女士「小腹微凸」，就會聯想到她可能有了身孕。

但是，因為偏見給我們提供了對某一群體成員特定的預期，它也可能對我們的認識與行為有不利的影響。

這種認同偏見背後的心理因素，對我們的決策，有著重大的影響。因此，當我們面對兩種抉擇的時候，最好採用富蘭克林的方法，拿出一張紙，將它畫成 4 格，把兩者的利弊分別寫下來。

利用偏見：安慰劑效應

心理預期會改變我們對經驗的感知與瞭解。行為經濟學家發現，非處方藥品的價格與療效有著非常明顯的關係。

比如，一個最近備受疼痛折磨的人，他吃 200 元 10 片裝的止痛藥，和吃 100 元 10 片裝的止痛藥，會感覺效果有明顯不同。

人們受疼痛折磨越多，對止痛藥品的依賴也越大，這種關聯感也就越強烈：價格越低他們感覺受益就越少。

患者寧願相信，一分錢，一分貨，你付多少錢，就有多大療效，價格能夠改變體驗。

人類使用安慰劑的歷史已相當悠久。現代人看來鬼扯的東西，古代卻很盛行。越是難搞的東西越是療效神奇：比如成對的蟋蟀、木乃伊的粉末、西班牙的昆蟲之類，患者滿懷希望地吃下去，最後，多數患者病情緩解了，

一些患者康復了，有的甚至還平安地渡過了諸如鼠疫、瘟疫等「鬼門關」。

死一個人是悲劇，死一萬人只是統計數字

林肯曾說到：斯托夫人為「寫了一本小說，卻釀成了一場大戰的小婦人」。斯托夫人在《湯姆叔叔的小屋》中，透過主角的遭遇揭露了奴隸制度的罪惡。如果，僅僅靠幾句口號，一串統計數字，則沒有小說這麼強的感召力。這也是人類喜歡在政治宣傳中樹立典型的原因。

在歷史上，那些將相王侯、才子佳人的不幸，總讓人不勝唏噓，甚至流下幾滴眼淚。但在同樣的年代，可能有數以千萬計的百姓活活餓死了，我們卻沒有太強烈的悲哀。

一個人的死是一個悲劇，千百萬人的死卻僅僅是個統計數字。行為經濟學稱之為「執著於代表性」。

律師在進行說服力訓練的時候，會注意增加說服性細節。比如。在辯護的時候，一句話有兩種措辭方式：

Ａ：被告離開事發現場。

Ｂ：被告害怕惹來麻煩，匆匆離開事發現場。

你認為哪句話較具有說服力：

作家在進行寫作技巧訓練的時候，也會渲染情節。

Ａ：狐仙離去，書生死了。

Ｂ：狐仙離去，書生因終日思念，鬱鬱而終了。

你認為哪一個更生動、有吸引力（假設真的有狐仙）：

事實上，書生終究會死的。也許另結新歡，慢慢老死。也許會死於無妄之災。

我們再做一個測試。

霍雨晴是一位28歲的單身女性，聰穎機敏，性格直爽。她主修哲學，在念大學期間，就關注社會公平，環境保護等問題，曾參加過倡議保護藏羚羊的活動。

你認為，以下哪個選項最可能是對霍雨晴的真實描述？

A：霍雨晴是一位雜誌主編。

B：霍雨晴是一位雜誌主編，同時也是一位NGO（非政府組織）成員。

請選出你的答案：

卡尼曼曾經多次做過類似的測試，平均85%的被試者選擇了B。其實A已經涵蓋了B。你選擇B，就等於承認A。

卡尼曼總結：隨著情景中細節的增加，該情景發生的機率只能降低。但由於多數人更注重代表性，它的可能性卻在上升。

再看一個例子。

未來50年，你認為最可能發生的事件是：

A：美國與俄羅斯爆發核戰爭。

B：美國與俄羅斯爆發核戰爭。一開始，美國只是為與俄羅斯爭奪一些戰略能源，產生了小的軍事摩擦，隨著雙方軍事衝突的日益升級，時局

失去控制，終於爆發了核戰爭。

請選出你的答案：

這個測試更加具有迷惑性，因為 B 項含有的資訊更能迎合人類的邏輯推理。

世界上最聰明的人出的一道題

瑪麗蓮・莎凡特，是迄今為止金氏世界紀錄所認定的擁有最高智商的人。瑪麗蓮平時從事文學創作，也編寫劇本，並長期在《Parade》雜誌開闢名為《Ask Marilyn》的專欄，專門回復讀者各式各樣的問題，從數學到人生都有。這是瑪麗蓮在其專欄上介紹過的一道機率問題。

美國智商最高的女人出了一道讓全世界抓狂的題目

有三扇可供選擇的門，其中一扇後面是輛汽車，另兩扇後面都是一頭山羊。你當然想選中汽車。主持人先讓你隨意挑選。比如你選了 1 號門，這時主持人打開的是後面有羊的一扇門（比如它是 3 號門），現在主持人問你「為了有較大的機會選中汽車，你是堅持你原來的選擇，還是願意換選另一扇門？」

最後，瑪麗蓮小姐公佈，正確答案是：「應該改選另一扇門」。

這一問題引起了美國公眾的廣泛關注，大約有一千多所大、中、小學，進行過該題目的測驗，從二年級的小學生到研究生都參與了爭論。

在給瑪麗蓮小姐的一萬多封讀者來信中，有約一千封是具有博士學歷的讀者寫來的，他們全都說：「瑪麗蓮你錯了！」

他們紛紛批評這個智商最高的女人腦袋鏽掉了，他們認為，主持人既然把沒有車的那扇門打開了，剩下的兩扇門後面是汽車還是山羊的可能性各占一半，堅持原來的選擇也好，改選也好，選中車的機會都是二分之一。

有一個人說：「美國的數學白癡已經夠多了，不需要全世界智商最高的人來雪上加霜。」

喬治‧梅森大學的薩克森教授在信中這樣寫道：「……你在胡說些什麼！我來解釋給你聽：主持人把沒有汽車的一扇門打開了，剩下的兩扇門的後面有平等的機會是一輛車，它們的機率都是二分之一，因此不必換選2號門了。」

一名教授在寫給瑪麗蓮的信中說：「身為專業數學家，我對一般大眾缺乏數學知識深為遺憾。請你公開認錯，好讓大家正視這一問題。還有，以後請謹慎一點。」

另有一封信上說：「你居然會犯這種錯，害我們數學系學生嘴都笑歪了。」

這些高學歷者們的一致回答是對的嗎？瑪麗蓮小姐公佈的答案錯了嗎？

我們都是機率盲

不論你是否想得通這個複雜的問題，絕大多數人都是機率盲，就如同有些人天生就是路癡一樣。

這個問題很明顯，當你第一次做選擇時你選中的機率是 1/3，因此剩下的兩個沒選，其中，有汽車加起來的機率就是 2/3。此時在含有 2/3 機率的兩個選項中排除一個錯誤答案後，情況就變成了你最初選的那個有 1/3 的機率選中，你沒選中的那兩個中未被排除的一個獨佔 2/3 機率。

第二次選擇時如果你理解為在兩扇門中選一扇有汽車的門，所以選中的機率就是各占一半就大錯特錯了。

如果還是不能理解，那麼我們把問題改成這樣——

有 100 扇可供選擇的門，其中一扇後面是輛汽車，另外 99 扇的後面都是一頭山羊。你當然想選中汽車。主持人先讓你隨意挑選。假設你選了 1 號門，這時主持人打開了第 2 至第 99 扇門，居然都是山羊！

主持人問你「為了有較大的機會選中汽車，你是堅持你原來的選擇，還是願意換選第 100 扇？

這樣是不是容易理解多了？當然，這個問題還有一個隱藏的假設，那就是假設主持人也不知道哪扇門後是汽車，她也是隨機打開的門。如果主持人故意「放水」，這道題又要重新討論了。

馬丁・加德納曾經說過：「在各種數學領域中，沒有什麼比機率更容易讓專家出洋相的了。」

量子力學中的不確定性原理，連最偉大的科學家愛因斯坦也曾嗤之以鼻。對此，他說：「上帝不擲骰子」。但這並不影響量子力學在當今世界高科技領域裏的指導地位。

第十三章：對抗諸神

——風險探索簡史

天威難測，天機不可洩露。

人類對風險的控制，堪稱是現代與古代的革命性分野。

上帝洞悉未來之事，常人看到眼前之事，智者看到即將發生之事。

——斐洛斯特拉圖斯

運用機率以及風險控制手段，人類就能趨吉避凶，天威不再難測，人類的未來得以擺脫諸神恣意的捉弄。

——彼得‧伯恩斯坦

大約 6000 年前，人類就開始研究天文和曆法。

大約 5500 年前，人類已經發明了骰子賭戲。

大約 4000 年前，人類已掌握青銅冶煉技術。

然而，人類對機率的探索還不到 500 年。

天機不可洩露。未來，只是先知和巫師的禁臠。扶乩、抓鬮、擲筊是至今依存的傳統，人們將機率問題歸於神秘。人類對風險充滿敬畏，卻也有人試圖窺探風險，量化風險，以小搏大。

天才們的激情賭局

賭桌是機率問題的天然實驗室，但在逝去的 5000 年中，沒有人真正研究這個問題。

直到大約 500 年前，義大利有一名賭徒叫卡丹諾，生性好賭博，卻輸多贏少。卡丹諾博學又精力旺盛，一生寫了將近 200 本著作，這些作品涉及生活的各方面。

卡丹諾同時還是一名業餘數學家，他並不認為輸贏是由於運氣，這驅使他寫出了一本《隨機之賭博》的「賭經」。這是人類第一次用數學方法量化風險，控制風險。

《隨機之賭博》雖成書較早，卻出版甚晚，被延遲了差不多 100 年。

大約 350 年前，巴黎賭徒德・梅雷騎士向數學家帕斯卡請教了一個「賭徒分金」的問題，帕斯卡又把這個問題與數學家費馬商量。這讓機率論得以真正創立。

幾百年過去了，在貪婪的賭徒、好奇的學者、天才的數學家及淵博的聖徒共同驅動下，各種機率法則、風險管理工具才相繼問世。

與統計學一樣，風險決策理論也是一種源自賭博的理論。

在人類恐懼、好奇、貪婪的驅使下，數學家、經濟學家、哲學家，以及賭徒都在探索與風險相關的決策理論。

幾百年來，風險決策理論的演進經過了三個階段：從最原始的期望值理論（expected value theory），到稍後的期望效用理論（expected utility theory），直到我們前面談的前景理論。

一個人看透了輸贏背後更本質的東西，就會明白賭博究竟是在「賭」什麼，賭就已經不再是「賭」了。

期望值理論

所謂期望值理論，即人們對於相似條件的選項，先計算一下每個選項的數學期望值，然後選擇期望值最大的那個選項。

它是最原始的風險決策理論，也是一種最簡單的風險決策方法。

期望值的計算用數學公式表示為：

$$EV=K_1 \times P_1+K_2 \times P_2+K_3 \times P_3+\cdots+K_n \times P_n$$

其中 EV 代表期望值，K_n 代表選項 K 的第 n 種結果所帶來的價值，P_n 代表第 n 種結果發生的機率。

期望值理論指出，人們會把期望值最大的選項作為自己的最終選擇。

現在設一個賭局，給你兩種抽籤選擇：

A：有 10 支籤，任意抽一支都可以獎勵 8000 元。也就是有 100％的機率抽到 8000 元。

B：有 10 支籤，有 7 支可以獎勵一萬元，另外 3 支沒有獎勵。也就是 70％的可能性抽到一萬元；30％的可能性什麼都抽不到。

請問你會選擇哪一項？

對於 A 選項，其期望值為：

$$8000 \times 100\% = 8000$$

對於 B 選項，其期望值為：

$10000 \times 70\% + 0 \times 30\% = 7000$

所以，根據期望值理論，大部分人應該會選擇 A。

期望值理論的不足

期望值理論能否完美地解釋人們的風險決策呢？

大約 300 年前，瑞士數學家尼可拉斯·貝努利（Nicolas Bernoulli）向聖彼德堡科學院提出一個悖論，即著名的「聖彼德堡悖論」。

你現在可以付錢去參加一個賭局，規則如下：

首先交給莊家一筆賭金，然後莊家擲一均勻硬幣，一直扔到正面朝上為止。

如果第 1 次投擲就是正面，則得獎金 1 元，遊戲結束。

如果第 1 次出現反面，則擲第 2 次，如果是正面，因為是第 2 次，得獎金 2 元。賭局結束。

如果第 2 次是反面，接著擲第 3 次。就這樣一直進行下去，每次報酬加一倍。

連續 n 次反面之後，第 n+1 次出現正面，則參賭者將從莊家那裏得到 2 的 n 次方的獎金並且賭局中止。

比如連續 8 次出現反面，第 9 次是正面，則參賭者得 2 的 8 次方是 256 元，而 2 的 16 次方是 65536 元。

在明白了遊戲規則以後，請仔細想一想，你最多願意預付多少錢來參加這個遊戲？

首先，你要考慮這個賭局的期望值是多少。

參賭者贏 1 元的機率是 1/2，贏 2 元的機率是 1/4，贏 4 元的機率是 1/8……

設參賭者預付賭金 x 元，這個賭局的期望值為：（1）（1/2）＋（2）（1/4）＋（4）（1/8）＋（8）（1/16）＋…

按照期望值理論，只要我們花的錢比這個遊戲的期望值小，那麼我們就值得去賭。

（1）（1/2）＋（2）（1/4）＋（4）（1/8）＋（8）（1/16）＋…＋x

顯然在 x 前是一個無窮級數的和，這個和無窮之大，因為它的每一項都等於 1/2。

按期望值來算，不論莊家提出的預付賭金要求有多高，決策者在「接受」與「拒賭」兩個策略之間，合理選擇都是前者，即使傾家蕩產也在所不惜。

但事實上，很少有人願意花超過 25 元來玩這個遊戲。

因為我們知道，想透過擲出硬幣連續反面贏一大筆錢的希望是極為渺茫的，而失去大筆預付賭金的機率極高，因此，在 X 較大的情況下，接受賭局是極其愚蠢的。

「聖彼德堡悖論」指出了「期望值理論」的缺憾，於是必須尋找更完善的風險決策理論。

邊際效用理論

消解「聖彼德堡悖論」的第一個觀點是邊際效用遞減論。

貝努利透過對「聖彼德堡悖論」的分析指出，賭局的結果影響對於參與者的價值並不等於它的金錢值，還與參與者的心理價值有關。

貝努利把人們對某一結果的主觀嚮往度叫做它的「心理價值」。這一觀點後來成為經濟學效用理論的基礎。「效用」就是由「心理價值」演變而來的。

效用是指消費者對從某一商品組合的消費中得到的滿足感的主觀衡量。也就是決策者對結果的嚮往（喜愛）或反感（憎惡）的程度，其衡量單位是任意的。一個單位的效用代表消費者得到了一份主觀上的滿足感。與它相近的說法有收益、報酬、損失、嚮往度等。

傳統經濟學認為效用是邊際遞減的，即消費者在消費物品時，每一單位物品對消費者的效用（滿足程度）是不同的，它們呈遞減關係。

比如，對一個餓著肚子的人來說，第一個餅給他的效用最大，第二個餅則沒有那麼大了，吃到一定程度後，還會產生反效果。

需要說明的是，邊際效用遞減並不表示總效用遞減。總效用是逐漸遞增的，而邊際效用衡量的是總效用的遞增速率，由於邊際效用遞減，使得

總效用遞增的速率逐漸減慢。這並不是一種任意假定的特殊情況，而是反映了一個普遍的理性規律。

風險偏好

消解「聖彼德堡悖論」的第二個觀點是風險厭惡論。

一筆小錢對於饑寒交迫的窮人是珍貴的，而對於一個百萬富翁則意義不大。即使是同一個人，先窮後富或先富後窮，同一筆錢在不同時期也具有不同的價值。一個人越富有，同一筆錢對於他的價值就越小。

假設你是日薪族，某天老闆靈機一動安排了兩種薪資支取方式：

Ａ：每天下班時領取薪資。

Ｂ：每天下班後擲一個硬幣，如果正面向上你可以領取雙倍薪資，如果正面向下你這天就領不到薪資。

兩種支取方式由你選擇，你願意要哪一種？

眾所周知，扔硬幣的結果，正面向上和正面向下的機率是一半對一半。所以，從你實際領取到多少工資的數額來說，兩種方式得到的工資的期望值應該是一樣的。

兩種方式雙方都一樣不吃虧，依任何一種方式領取薪資和效用薪資，無論對於工人還是對於老闆，所得和所付應該都是一樣。老闆不能得到便宜，工人們也並不吃虧。

風險偏好就是人對風險的態度，一般分為風險喜好者、風險厭惡者、

風險中性者。

◆ 風險厭惡——即不喜歡風險，在 A 和 B 期望值相同的情況下，對上述問題的回答是 A。

◆ 風險喜好——即偏好於風險，在 A 和 B 期望值相同的情況下，對上述問題會選 B。

◆ 風險中性——即不偏好也不規避風險，反映在上述問題中，在 A 和 B 期望值相同的情況下，表現出無所謂選 A 還是選 B。

但是面對得失機率等同的兩種方式，工人多半會選擇 A。因為他們絕大多數是經濟學所說的風險厭惡者，而不是風險喜好者。老闆則不然，他們因為賭得起，往往是風險喜好者。

一次電視測驗中，一個參賽者正確地回答了問題。然後，主持人要求他在兩種得獎方式之中做出選擇。

A：擲一枚硬幣，若出現正面，獎金一千元；若出現反面，無獎。

B：在三個信封中選一個，三個信封分別裝有獎金 900 元、300 元、150 元。

這兩個方案的期望值不難計算，所涉及的機率也很簡單。擲硬幣出現正面的機率 1/2；三個信封中抽一個，抽到 900 元、300 元、150 元的機率分別是 1/3。

因此 A 的期望值是：

（1/2）（1000）＋（1/2）（0）＝ 500

B 的期望值是：

（1/3）（900）＋（1/3）（300）＋（1/3）（150）＝450

從期望值大小來看，參賽者應選擇A，而不是B，但是對於風險偏好的不同，人們的選擇將大不相同。

期望效用理論

貝努利為了解釋人們決策的這一現象，提出了期望效用理論（expected utility theory）。期望效用理論與期望值理論最大的不同在於，期望效用理論認為，人們應該選擇的是期望效用最大的那個選項，而不是期望值最大的那個選項。

期望效用可以用數學公式表示為：

$$EU = U（K_1）\times P_1 + U（K_2）\times P_2 + U（K_3）\times P_3 + \cdots$$

其中EU代表期望效用，U（K）是選項K的效用函數，U（Kn）表示選項K的第n種情況的效用值，Pn表示第n種情況發生的機率。

有了期望效用理論，再回過頭來解決前面那個「老闆和員工選擇薪資支取方式」的問題就清楚了。

由於效用函數邊際效用遞減的特性，我們只要選擇一個遞減的函數作為效用函數。

透過數學計算就不難證明，A方案對工人期望效用更大。

所以，在期望值相同的情況下，大多數人寧願選擇A。

期望效用理論的不足

期望效用理論提出了邊際效用遞減的原則，它告訴我們一個理性決策者應該怎麼做，在經濟學上是一大進展。但是，人們逐漸發現，現在生活中，期望效用理論也像期望值理論一樣，並不能很好地解釋人們所有的風險決策行為。

假設你已經擁有10000元資產，某天，你中獎了，可以在下面兩項中做出一個選擇：

A：確定性地獲得5000元。

B：請你拋一次硬幣，如果正面朝上你能獲得10000元，如果背面朝上你將一無所得。

假設你已經擁有20000元資產，某天，你受罰了，必須在下面兩項中做出一個選擇：

A.確定損失5000元。

B.拋出一枚硬幣，如果正面朝上你將沒有任何損失，如果背面朝上你將損失10000元。

在第一種情形下大部分被試者選擇了A。由於邊際效用遞減，期望效用理論認為大部分人是風險厭惡者，選擇A合乎常理，也符合期望效用理論。

在第二種情形下絕大部分被試者選擇了B，即選擇搏一搏。為什麼在第二種情況下人們變成了風險喜好者了呢？

實際上，第一種情況和第二種情況是等價的。

第一種情況：

EU（A）＝ 5000×100％＝ 5000

EU（B）＝ 10000×50％ +0×50％＝ 5000

A和B選項的期望收益都是 5000 元，最終資產是 15000 元。

第二種情況：

EU（A）＝（-5000）×100％＝ -5000

EU（B）＝（-10000）×50％ +0×50％＝ -5000

A和B選項的期望收益都是 -5000 元，最終資產是 15000 元。

對於同樣價值的得失 5000 元，同樣價值的終極資產 15000 元，如果你理性的話，你在兩種情況下做出的選擇應該是一致的，根據期望效用理論都應該是風險厭惡的。

但為什麼大多數人在面臨這兩種完全等價的選擇時會有不同的風險偏好，在第一種情況下寧可穩紮穩打，而在第二種情況下卻寧可冒更大的風險呢？

然而，一些非主流經濟學家卻發現，期望效用理論存在嚴重缺陷，現實中特別是金融市場裏人類的很多決策行為，無法用期望效用函數來解釋。

行為經濟學家和實驗經濟學家提出了許多著名的「悖論」，向主流經濟學發難，

像「阿萊悖論（Allais Paradox）」、「股權風險溢價難題」、「羊群效應」、「偏好顛倒」等。

經濟學家開始修補經典理論，修改效用函數、稟賦、技術和市場訊息結構等，但迄今沒有滿意的答案。

期望效用理論開始受到懷疑，經濟學家們越來越認識到人類行為本身的重要性，認知心理學的概念和分析方法被引入經濟分析中，同時，實驗資料發揮越來越重要的作用。

顯然，先前的期望值理論和期望效用理論已經不能很好地解釋人們這種矛盾的行為。於是，前景理論應運而生了。

延伸閱讀

丹尼爾 ‧ 貝努利與聖彼德堡悖論

丹尼爾 ‧ 貝努利出生於 18 世紀一個競爭過度的天才家族中，該家族共產生過 11 位數學家。

丹尼爾是約翰 ‧ 貝努利的第二個兒子，也是貝努利家族中最傑出的一位。丹尼爾的大伯父名叫雅各，就是發現大數法則的那位。

在雅各的幫助下，弟弟約翰後來也成為了數學家。但後來，雅各和約翰因為爭名而鬧得很僵。

上一輩的怨恨越積越深，約翰最後甚至發洩到了他的兒子丹尼爾身上。

丹尼爾是一名數學家，也是一名物理學家。他曾出過一本很著名的書，對賭場的紙牌遊戲進行分析，發現了「貝努利效應」，後來被運用到了飛機翼的設計中。

約翰對兒子的成功沒有表現出任何的喜悅之情。1734 年，父子倆共同分享了一項法國科學院獎。

但是丹尼爾隨即被父親趕出了家門，父親抱怨說，這個獎項應該是自己獨得才對。

1738 年，丹尼爾又推出了一部重要的作品《流體力學》。第二年，他的父親出版了一本內容幾乎完全相同的書，署了自己的名字，並且把時間改到了 1732 年。約翰用這個小把戲聲稱兒子剽竊了自己的作品。

丹尼爾·貝努利還有一個比他大 5 歲的哥哥，叫尼可拉斯（尼可拉斯三世）。

尼可拉斯三世也是一位傑出的學者。正是尼可拉斯三世帶領著丹尼爾開始學習數學，那時丹尼爾只有 11 歲。作為長子，尼可拉斯三世受他父親的鼓勵，成為了一名數學家，19 歲時他成為巴塞爾的哲學博士。

1725 年他被任命為聖彼德堡的數學教授。然而僅一年之後，他就死於某種疾病。

丹尼爾·貝努利和尼可拉斯三世在同一年得到聖彼德堡的聘任書，當丹尼爾最終離開自己的父親去遙遠的聖彼德堡工作時，他一定覺得鬆了一口氣。

在那裏，他為西化的俄羅斯法庭工作，並又寫了一篇很有影響力的文章，使二十世紀的經濟學家們最終接受了克勞德·申農和約翰·凱利的思想。

這篇文章提到了一個虛擬的賭局，是由另外一名貝努利家族的天才、丹尼爾的堂兄尼可拉斯設計的。

尼可拉斯是巴塞爾大學的法律學博士。這個賭局就是聖彼德堡悖論。從此之後，不斷開始有人關注這個問題。

約翰·梅納德·凱恩斯在 1921 年發表的「機率論」中，也提到

聖彼德堡悖論是每一位二十世紀經濟學家的精神大廈的組成部分。

在諾伊曼和摩根斯坦的《遊戲理論和經濟行為》一書以及在肯尼斯・阿羅、密爾頓・綱雷德曼和保羅・薩繆爾森的論文中，貝努利的賭注論都曾經被提及。

丹尼爾一直在聖彼德堡執教到 1733 年。隨後他回到了故鄉巴塞爾，在那裏成為了物理和哲學教授。

他是被彼得大帝邀請到俄國的首批著名學者之一，彼得大帝希望借此能將自己的新首都建成一個知識份子活動的中心。

根據高爾頓的記載，丹尼爾・貝努利是「物理學家、植物學家、解剖學家，還是有關流體力學的作家，並且是一位很早熟的人」。

丹尼爾・貝努利還是權威的數學家和統計學家，尤其對機率感興趣。

第十四章：均值回歸

——「天之道」與「人之道」

日中有昃，月圓則缺；否極泰來，樂極生悲。這種規律具有普遍性嗎？

天之道，損有餘而補不足。人之道，則不然，損不足以奉有餘。

——《道德經》

社會思想家的研究，無法企及自然科學的規則與精準，但他們還是尋求科學的外衣加以包裝以獲得認可。

——喬治 · 索羅斯

「十年河東，十年河西」、「日中則昃，月盈則食」、四季輪迴、「歪竹子生直筍」、「飄風不終日，暴雨不終朝」，類似這種現象，用均值回歸（Mean Reversion）原理，可以合理地進行解釋。

有一些人把均值回歸原理套用在經濟、金融領域，似乎也取得了一定效果。但是，這樣做真的有效果嗎？「天之道」的規律，真的能運用到「人之道」中嗎？

高爾頓的豌豆實驗

「均值回歸」現象是英國人法蘭西斯 · 高爾頓發現的。高爾頓出身名門，與著名的查理斯 · 達爾文是堂兄弟。

高爾頓頗以自己的門第為傲。高爾頓發現均值回歸的最初動機，是為了證實自己的「天賦世襲」理論。也就是所謂「龍生龍鳳生鳳」。但最後

的結果，卻讓他難免失望。

「低素質」者的後代不一定素質差，「高素質」者的後代素質未必高。遺傳的規律是朝著某個平均數回歸。自然界「歪竹子生直筍」、「直竹子生歪筍」的事情不勝枚舉。

大約 1875 年，高爾頓用一種甜豌豆種子做實驗。他把這些種子還分給自己在各地的親朋好友，一起幫他做實驗。經過大量、艱辛的實驗，最後，高爾頓得出如下統計結果。

母豌豆和子豌豆的直徑單位：0.01 英寸

母豌豆	15	16	17	18	19	20	21
子豌豆	15.4	15.7	16.0	16.3	16.6	17.0	17.3

從表格中我們可以發現，母豌豆直徑的變化範圍比子豌豆直徑的變化範圍要大很多。母豌豆的平均直徑為 0.18 英寸，其變化範圍是 0.15 ～ 0.21 英寸，或者說是在平均值兩側各 0.03 英寸之內。子豌豆的平均直徑為 0.163 英寸，其變化範圍是 0.154 ～ 0.173 英寸，或者說是僅在平均值兩邊各 0.01 英寸範圍內變動。子豌豆直徑的分佈比母豌豆直徑的分佈更為緊湊些。

這種回歸，在自然界是非常必要的。如果這種回歸的進程不存在的話，那麼，大的豌豆會繁殖出更大的豌豆，小的豌豆會繁殖出更小的豌豆……如此這樣，這個世界就會兩極化，只有侏儒和巨人。大自然會使每一代變得越發畸形，最終達到我們無法接受的極端。

做完豌豆實驗，高爾頓又開始對人群等目標進行統計，提出了一個普

遍原理，這就是我們現在所知的「均值回歸」原理。

比如說，高個父親的兒子身高一般高於平均水準，但不會像他父親那樣高。這意味著用於預測兒子身高的回歸方程式需要在父親的身高上乘以一個小於1的因數。

實際上，高爾頓估計出父親每高於平均值1英寸，兒子的預測身高就能高出三分之二英寸。

人可以活一千歲嗎？

人的壽命具有自然屬性，所以謂之天年。我們看看孔子以及歷代「衍聖公」的天年——

孔丘，享年72歲。

第二代，孔鯉，享年50歲。

第三代，孔伋，享年82歲。

第四代，孔白，享年47歲。

第五代，孔求，享年45歲。

第六代，孔箕，享年46歲。

第七代，孔穿，享年51歲。

第八代，孔謙，享年57歲。

第九代，孔騰，享年57歲。

第十代，孔忠，享年57歲。

第十一代，孔武，早卒。

第十二代，孔延年，享年71歲。

第十三代，孔霸，享年72歲。

第十四代，孔福，享年62歲。

……

第六十四代，孔尚賢，享年79歲。

第六十五代，孔胤植，享年56歲。

第六十六代，孔興燮，享年32歲。

第六十七代，孔毓圻，享年67歲。

第六十八代，孔傳鐸，享年63歲。

第六十九代，孔繼榮，享年23歲。

第七十代，孔廣棨，享年31歲。

第七十一代，孔昭煥，享年40歲。

第七十二代，孔憲培，享年38歲。

第七十三代，孔慶鎔，享年55歲。

孔家不同世代「衍聖公」的壽命，與平均數呈回歸關係。也就是說，在自然狀態下，人壽屬於「天之道」。就算地位、待遇如此之高的孔家，也只能順應天命，有壽有夭。但如果人力介入，就會有所不同。

有一種理論認為，生物活著就是為了繁殖，其壽命取決於性成熟期。譬如蜉蝣，朝生暮死。就是因為其性成熟期很早。蟬的幼蟲在地下多年，只為了一個夏季的交配。

所以，可以透過一種推遲生育年齡的辦法，來達到人類長壽的目的。比如，禁止 30 歲以前生育，那麼 30 歲以前早夭的人，就沒有機會遺傳基因。

幾十年後，這個國家進一步提高門檻，嚴禁 40 歲以前生育，幾十年後，40 歲早夭的基因也消失了。如此類推，只保留最長壽的基因，直到最後，人類壽命可能突破一千歲。

但這種制度只是一種構想，沒有任何實際意義。因為追求長壽不是人類的唯一目的，也不是最高目的。因為「人之道」的介入，這樣的壽命已不能稱為「天年」了。就算某天人類真的能夠長生不死，那也絕不是來自上天的祝福，更可能是惡魔的詛咒。

凶年之後，乃有豐年

農諺有云：「淹三年，旱三年，不淹不旱又三年。」在聖經中，當約瑟對法老預言「七個富年後必是七個荒年」的時候，他很可能也察覺這種規律了。

在《舊約‧創世記》中，猶太人約瑟因誠實而聞名，儘管有時要付出沉重代價。在監獄裏，他替被囚在監獄裏埃及王的酒政和廚師長解夢。約瑟對酒政說：「你可以在三天之內出監獄並官復原職。」約瑟又對廚師長說：「三天之內法老必斬斷你的頭，把你掛在木頭上。」

兩年後法老做夢，沒有人能解。酒政就向法老推薦約瑟。之後，約瑟

向法老解夢，說埃及將會有七個大豐年，然後又會有七個荒年。約瑟又勸告法老「當挑選一個有聰明有智慧的人，派他治理埃及。」

於是，法老選擇約瑟做了宰相，法老對臣僕說：「像這樣的人，有神的靈在他裡頭，我們豈能找得著呢？」

約瑟此後便在埃及掌權，法老賜名給約瑟為「撒發那忒巴內亞」，又將安城的祭司波提非拉的女兒亞西納給他為妻……

均值回歸在日常生活中的應用

均值回歸原理有時也適用於日常生活，比如在體育運動方面，人人都有一個平均水準。但有時會有超水準發揮，有時會低於平均水準。任何一連串的重複活動，其結果通常都會接近平均值或中間值。

例如，打網球時連續揮拍 20 次，如果有一個球打得特別好，下一個球就可能有點拖泥帶水。如果不小心打了一記壞球，下一個球通常會打得漂亮一點。

在 20 世紀 60 年代，特韋斯基和卡尼曼一起回到祖國以色列服兵役。在部隊裏，教練訓練飛行員的方式，引起了他們的興趣。

在飛行員的訓練上，教練常談到若因表現不佳而受到嚴厲批評，飛行員才會進步；若飛行員表現意外地好，又得到讚賞，則會退步。

教練很自然把這種現象歸因於某種心理作用，因此對進步贊許，對退步責難。

特韋斯基和卡尼曼認為，這些教練犯了一個錯誤，其實這只不過是均值回歸的正常現象罷了，偏偏卻被誤解為因果關係。

於是，特韋斯基向這些教練指出了他們的理論缺陷，後來的以色列飛行員也因此改善了待遇，得到了應有的尊重。

當你表現比平時好的時候，要維持就比較難，聽起來好像挺令人失望，不過相反的情況也會成立，就有了激勵作用。

在做決策時，最不好的情況就是明明沒有特殊原因，卻自以為有。要知道趨向於均值回歸是生活中的常見現象。

「均值」什麼時候能「回歸」

均值回歸原理在自然領域獲得了驗證，它又與一些社會現象頗為相似，例如：「天下大事，分久必合，合久必分」；「繁榮的必將衰亡，衰亡的必將繁榮」；「富不過三代」；「君子之澤，五世而斬」……均值回歸原理也激發了賭徒們的夢想：一連串的損失後必定會跟著一連串的盈利。

同時，均值回歸原理成為了一些風險控制理論的基礎，比如在股市，人們經常說的「市場是波動的」，就是這個意思。

均值回歸，從理論上講應具有必然性。有一點是可以肯定的，股票價格不能總是上漲或下跌，一種趨勢不管其持續的時間多長都不能永遠持續下去。

在一個趨勢內，股票價格會呈現持續上升或下降，叫做均值迴避（Mean Aversion）。當出現相反趨勢時，就會呈現均值回歸（Mean Reversion）。

這也是逆向投資者恪守的信條：當他們說某支股票已經「高估」或者「低估」時，股價背離了它的「內在價值」，股價最終是要回歸的。

「內在價值」，也許真的會「回歸」，但關鍵在於什麼時候回歸？

到目前為止，均值回歸原理仍不能預測的是回歸的時間間隔，即回歸的週期「隨機漫步」。

不同的股票市場，回歸的週期會不一樣，就是對同一個股票市場來說，每次回歸的週期也不一樣。

有時，長期趨勢來得太遲，即便均值回歸原理發揮了作用，也無法拯救我們了。比如，一次，經濟學家凱恩斯說道：「先生們，從長遠來看，我們都會死掉的。」

如果在狂風暴雨的季節裏，經濟學家僅能預言，很久後，風暴會過去的，一切又會恢復平靜的，那麼他們的工作就太簡單、太無用了。

如果某個人永遠強調房價會跌（或股價會漲），那麼這人更適合做民意代表，而不是預測者。從長遠看，沒有只漲不跌的商品。如果不顧事實，永遠說會跌，這和猜硬幣正反有何區別？只要不改口，硬幣總有出反面的時候。猜對了是先見之明；猜錯了，他代表了「民意」。

預測「均值」是場賭戲

還有個問題就是「均值」怎麼確定。「均值到底是多少，在經濟生活中卻是個很模糊的數字。昨天的正常值很可能被今天新的正常值所取代，而我們對這個正常值卻無人獲知。

有人認為巴菲特的價值投資理念，也是基於均值回歸原理。但是，學巴菲特的人多如牛毛，能夠成功的少之又少。巴菲特只能崇拜，不能複製。

巴菲特的長子曾說：「我爸爸是我所知道的『第二個最聰明的人』，誰是第一呢？查理・芒格。」

查理・芒格是華倫・巴菲特的最佳拍檔，有「幕後師爺」和「終極秘密武器」之稱。

有人曾問：如何評估一支股票的「內在價值」？

芒格回答：搞清一支股票的「內在價值」遠比你成為一個鳥類學家難得多。

事實上巴菲特本人對任何類型的市場預測都極度不屑，他曾言：「預測或許能讓你熟悉預測者，但絲毫不能告訴你未來會怎樣。」

何必削足適履

高爾頓只是把均值回歸應用到了遺傳等自然科學領域，在這些領域，它多數情況下是適用的、正確的。這也就是老子在幾千年前觀察到的——天之道，損有餘而補不足。但老子的下半句卻非常明確地指出：人之道，則不然，損不足以奉有餘。

均值回歸原理為許多決策制定提供了哲學的方法。在自然界中，幾乎不可能發生大的事物變得無限大，而小的事物變得無限小的情況，比如矮得像螞蟻的成年人，或長得穿越雲霄的樹。

要知道，社會領域運行的是「冪率」，是不平均的。真實的社會，運行的是「二八法則」——20％的人，掌握著80％的社會財富。而且，在這20％的富人中，二八法則還可以進一步產生作用——5％的人，掌握著95％的財富。

在真實的社會，運行的是「馬太效應」——凡有的，還要加給他，叫他有餘。凡沒有的，連他所有的，也要奪取。

有這樣一個案例，某老闆每年都會給公司的業務員進行業績排名，對業績靠前的進行獎勵，業績靠後的進行懲罰。幾年下來，老闆發現一個規律，前一年受罰的業務員，次年業績轉好，前一年受獎的業務員，次年業務下滑。

最後得出總結：這其實是均值回歸的自然現象。

對於這個案例的代表性，筆者持保留態度。商業現象與自然現象有著明顯的不同。比如運動員的技能發揮得好壞，這是個生物學事件，運動員開設的公司是否賺錢，則是商業現象。

根據筆者的耳聞與親歷，公司的業務通常符合「二八法則」——大約80％的業務是靠20％的業務菁英完成的。在很多行業中，比如外貿公司、廣告公司、保險公司等80％以上的訂單是由不到20％的業務員簽下的。筆者親眼看到這些企業的老闆曾對業務菁英進行獎勵，對業務不佳者進行懲罰，結果並沒有出現上面案例中的奇怪現象。

如果上面這個案例，改成計件生產的工人，則會讓人信服得多，因為工人的產能，基本上可以就算出一個「均值」。

均值回歸不具有普遍性

雖然法蘭西斯・高爾頓發現了均值回歸，但他本人並不迷信它，他反而鼓勵我們去「欣賞廣泛的觀點」而不僅僅是平均值的觀點。

對未來做判斷時，應該在多大程度上依靠均值回歸原理呢？

我們必須清楚，它在某些條件下，均值回歸具有巨大的力量，而在另外一些條件下，則可能導致巨大的災難。

經濟體系具有複雜、動態和非線性的本質，我們可以大談特談「大趨勢」，卻無法做具體預測。就算是天氣預報，也只能告訴你明年立春和夏

至是哪一天，卻永遠無法預測出明年夏至那天的天氣如何，甚至可能無法準確地預測出明天的天氣。

天之道不同於人之道，自然界中的力量不會等同於人類靈魂中的力量。急於將數學公式、統計學原理硬套到社會學領域，以示自己的科學性，這種行為與偽科學、巫術有何異？

均值回歸僅是一種工具，而不是教條，更不是宗教儀式。如果一定要削足適履地迎合均值回歸理論，那麼它就成為了一種自欺欺人的工具。

延伸閱讀

高爾頓和他的優生理論

高爾頓是著名的醫生和植物學家伊拉斯謨‧達爾文的曾孫,另一個曾孫查理斯‧達爾文,是高爾頓的堂兄,他寫出了驚世駭俗的《物種起源》。高爾頓的爺爺和父親都是極其成功的銀行家。

統計狂人

據說,4 歲的時候,高爾頓就能夠閱讀任何英文書籍,以及進行加減乘除的運算。

在高爾頓的時代,有一種很可貴的風尚,那就是純粹為了科學而從事科學研究,而不是出於謀生的考量。

高爾頓有一個嗜好,那就是統計—幾乎到了走火入魔的地步。

高爾頓不論走到哪裡,都要記錄、計算。他曾製作過一份「美女地理志」。在逛街時,他對少女的漂亮程度進行分類,當看到一個漂亮女孩子時,他就在右邊口袋的卡片上扎一個小孔。在他的《英國美女地圖》上,倫敦女孩子得分最高;而亞伯丁的女孩子得分最低。

高爾頓也透過對一萬名法官的審判結果進行統計,發現審判刑期大部分是 3 年、6 年、9 年、12 年、15 年、18 年和 24 年;11 年和 13

年的刑期很少，唯獨沒有 17 年的。

他還記錄下各色人等的頭顱、鼻子、胳膊、大腿、身高、體重的資料，還記錄眼睛的顏色、遺傳的不孕率、人們聽講座時煩躁的次數以及人們在看比賽時，臉色變化的程度等。

高爾頓本人並不知道大數法則，但自己卻從資料中發現了它，他還發明了一種「梅花相位儀」，經由往這種儀器裏擲彈球，可以直觀地演示鐘形曲線的形成。

高爾頓喜歡在深夜進行學習和研究，他發明了一種的「精力恢復儀」來使自己保持清醒，這種裝置可以往他的頭上噴涼水，從而使他保持清醒。在他生命的後期，他發明了一種能在水下閱讀的裝置，但是有一次，他在澡盆的水中讀書入了迷，差一點被灌進來的水淹死。

天賦遺傳理論

1859 年，高爾頓的堂兄查理斯 • 達爾文發表了《物種起源》，這部著作極為轟動，也極大地刺激了高爾頓。達爾文最基本的假設之一是，在任何物種的成員之中，都有少量遺傳的變化或者差異，進化是透過物競天擇、適者生存的原則發生的。

《物種起源》主要是針對動物而言的，但高爾頓決定把它的結論推廣到人類中。他認為，人類的進化很可能是經由卓越的大腦向子孫傳遞而發生的。他將這個研究領域命名為「優生學」。

半個世紀後，「優生學」這個詞為納粹所用。納粹鼓勵純種「雅利

安人」的繁殖，並消滅猶太人、吉卜賽人和其他被他們認為是人類害蟲的人種，他們屠殺了成百上千萬的「完全沒有才華和價值」的人。

古希臘的「優生學」

優生學是柏拉圖首先提出的，他的學生亞里斯多德繼承和發揚了這一觀點。斯巴達的嬰兒一出生，就要抱到長老那裏接受檢查，不要說殘障兒，就連體質不夠強壯的新生嬰兒都會被他們無情拋到荒山野外，任他死去。

有學者指出，古希臘的這種「優生優育」的措施不但沒能提高人群素質，反而在降低人口數量的同時也降低了人口素質。從群體來說，某些人可能會終生默默無聞，但是他們的某一代子孫卻可能為社會做出重大貢獻。

命運的惡作劇

高爾頓發現均值回歸的主要動力，是要弄明白在某些家族中才華是如何被代代相傳的，這些家族包括達爾文家族以及貝努利家族。他特別希望能在他所認為的有著極高才華的家庭中確認出「極度高貴特質」。高爾頓爵士希望他的後代能夠繼承他的才智，但命運和他開了個玩笑，他和兩個兄弟一個妹妹一樣，沒能生下一男半女，基本上算是「絕種」了。

在研究過程中，高爾頓還有個發現，某個人的傑出不能長久持續，也就是說，傑出的生命極為短暫。

高爾頓還發現，在傑出人物的兒子中，僅有 36% 的人仍舊是傑出的，更糟糕的是，在其孫子輩中，只有區區 9% 的人還能稱得上傑出。

第十五章：鐘形曲線

——「中庸先生」與「極端先生」

天之道，損有餘而補不足。人之道，則不然，損不足以奉有餘。

謊言有三種：謊言、真實的謊言、統計數字。

——班傑明 · 迪斯雷利

如果投資需要運用微積分的話，我早就該回去送報紙了。況且，我從沒見過投資需要用到代數。

——華倫 · 巴菲特

一棵樹上的果子有大有小，但大部分都是中等的。

河裏的石子有圓有扁，但多數屬於不太圓也不太扁的。

巨人很少見，侏儒也很稀少，多數人是身高中等的普通人。

只要樣本足夠多，那麼這個樣本群體的情況就會呈現一種規律性。

但這種規律卻很可能被濫用……

「數學王子」與鐘形曲線

德國數學家高斯被認為是最重要的數學家，享有「數學王子」的美譽。高斯的母親是一個貧窮石匠的女兒，雖然十分聰明，但卻沒有接受過教育，近似於文盲。高斯的父親曾做過園丁、工頭、商人的助手等。

在整個數學史上，沒有人像高斯那樣早熟，比如高斯 3 歲時便能夠糾

正他父親的借債帳目的錯誤。

高斯自己曾說，他是在草堆上學會計算，能夠在頭腦中進行複雜的計算，是上帝賜予他一生的天賦。

當高斯 12 歲時，已經開始懷疑元素幾何學中的基礎證明。當他 16 歲時，預測在歐氏幾何之外必然會產生一門完全不同的幾何學，即非歐幾里德幾何學。

高斯的傳奇、逸聞軼事可以寫成一部厚厚的故事集。18 歲時，高斯開始專注於曲面與曲線的計算，並成功得到高斯鐘形曲線（正態分佈曲線）。其函數被命名為標準正態分佈（或高斯分佈），並在機率計算中大量使用。

鐘形曲線是一根兩端低中間高的曲線。高斯用它來描述科學觀察中量度與誤差兩者的分佈。

在鐘形曲線上，大部分觀察值都積聚於中間，曲線上的極點對統計結果影響不大。

比如，對隨機挑選一千個男人進行身高統計，他們之中接近平均值的分佈最多，巨人和侏儒分佈最少，這種分佈就符合正態分佈。

自然界中的很多隨機變數，可以近似地用鐘形曲線來描述：

一棵蘋果樹上的蘋果有大有小，把這些蘋果一一稱重，會得到一條鐘形曲線。

河床上佈滿了鵝卵石，這些石子有圓有扁，把這些鵝卵石的曲度統計出來，也會形成一條鐘形曲線。

茫茫人海，總會有幾個巨人，也會有幾個袖珍人，但大部分人是身高中等的普通人。

同質群體的身高、細胞數、膽固醇含量等，呈現為正態或近似正態分佈。……

只要樣本足夠多，那麼這個樣本群體的情況就會呈現一種規律性。

數學不會錯，但數學會被用錯

類似這種說法你可能聽說過：

「×× 效應無處不在！」

「萬事萬物都逃不開 ×× 法則！」

說者如此亢奮，彷彿真地發現了一條能解釋宇宙萬物的絕對真理。就連高斯自己恐怕也沒有想到，自己發現的鐘形曲線，會被氾濫地運用到社會生活的各個方面。

前面講過，「統計狂人」高爾頓爵士經由研究豌豆遺傳和人類世代演變，聯想到了均值回歸理論，這個重要理論使得鐘形曲線在很多情況下具有可操作性。

與高爾頓大約同時代，有個數學家叫阿道夫・凱特勒，他聲稱：「鐘形曲線無處不在！」

凱特勒要把鐘形曲線運用在一切地方，他要把世界都納入他的平均哲學中。

凱特勒提出，人的特性均趨向於鐘形曲線的均數或中數，越靠兩極的越少。

　　凱特勒從統計學角度出發看人，認為人的成長是會依從一套既定的法則。所以，我們可以透過統計數字，去推算一個人的發展。他還發明了身高體重比（BMI）來推算一個人的健康狀況。

　　凱特勒對鐘形曲線的癡迷達到了走火入魔的境地，他提出了「體質平均人」的概念，透過收集統計資料，他開始製造「平均」的標準。胸圍、身高、新生兒體重，很少有什麼逃過他的標準。

　　後來，凱特勒又把注意力轉向社會學領域，針對人們的行為模式，提出了「氣質平均人」概念，凱特勒劃定了偏離平均值的範圍，他眼裏的正常人要嘛在平均值左邊，要嘛在平均值右邊，而那些站在鐘形曲線極左端和極右端的人則屬於另類，需要特別關注。

　　尼可拉斯・塔勒布在其睥睨群英的作品中，對鐘形曲線進行了深入批判。

　　當然，塔勒布並非是對鐘形曲線進行質疑的第一人，他只是繼承了亨利・龐加萊等人的思想，而這種生搬硬套鐘形曲線的方法論，也被人們稱為「凱特勒謬誤」。

　　高斯並沒有錯，高爾頓也沒有錯，「凱特勒才是思想史上最具有破壞性的人」。數學不會錯，但數學會被用錯，在凱特勒的「傳染」下，鐘形曲線得以廣泛用於社會領域。

統計歧視

有人調侃，人生就像一個鐘形曲線——

你 5 歲的時候不尿床就是成功。

10 歲的時候開始有自己的朋友就是成功。

25 歲你有自己的幸福家庭就是成功。

35 歲你依然有自己幸福的家庭就是成功。

65 歲你依然擁有好多的朋友就是成功。

85 歲你不尿床就是成功。

類似這種玩笑話並無害處，但有些人卻以科學之名，推銷自己的思想，就變得可怕了。

凱特勒的幽靈還在徘徊，十多年前，曾有一本名為《鐘形曲線》（The Bell Curve）的書熱鬧了一陣子，該書的副標題是「美國生活中的智力和階級結構」。

此書是美國哈佛大學心理學家理查・哈瑞斯坦與政治科學家查理斯・莫瑞合作完成的。該書主要內容包括四部分：

1：基於智力基礎的社會分層現象日益明顯。

2：智商與各種社會的、經濟地位之間存在明顯的相關性。

3：智商在美國不同種族之間所形成的對社會與經濟發展的貢獻。

4：這個了不起的發現對於美國的教育和社會政策會產生哪些影響。

書名之所以稱做「鐘形曲線」，主要是基於智商得分的鐘形正態分佈。在書中，作者以大量的智力測量結果論證，人的智力是先天遺傳決定的，不同的種族具有不同的智力水準，這種觀點自然會引起不少爭議。這本嘩眾取寵的作品，為種族歧視提供了理論基礎，也被種族主義者奉為寶典。

將軍裏面挑瘸子

ＧＥ公司前ＣＥＯ傑克・韋爾許先生最引以為豪的管理秘訣之一就是「活力曲線」，其實質是強制正態分佈。

在這個鐘形曲線裏，韋爾許將業績排在前面的20％的員工劃為Ａ類，中間的70％的員工劃為Ｂ類，業績排在後面的10％的員工劃為Ｃ類。Ｃ類是必須裁掉的對象。

韋爾許以科學的名義進行獎懲，一直以鐘形曲線的法則推行末位淘汰制，從不間歇，所以叫做活力曲線。

這種績效評估的原理，是按照事物的「兩頭小、中間大」的正態分佈規律，先確定好各等級在被評價員工總數所占的比例，然後按照每個員工績效的優劣程度，強制列入其中的一級。

但問題是，假如低素質員工淘汰完了以後，就要在中等和優良員工裏硬要挑一些相對低素質員工來淘汰了。最極端的情形可能是「將軍裏面挑瘸子」。就好比滿分是100分，全部人成績都在90分以上，也要把最接近90分的那位淘汰下來。

國外不少經濟學家早就詬病韋爾許製造了 GE 泡沫。韋爾許的管理方法未必都是對的。但韋爾許成為明星後，他的辦法迅速得以傳播。強制鐘形曲線管理法，在社會上風行過一陣子後，基本上就銷聲匿跡了。

筆者認為，作為一個言必稱彼得・杜拉克的管理者，韋爾許未必不知道鐘形曲線用在商業領域的荒謬。杜拉克早就提出過警告，把高斯分佈用在商業領域是不合適的。

冪律曲線

19 世紀末，「共產主義的幽靈，在歐洲徘徊」。

此時，有一位叫帕累托的義大利經濟學家發現，即使是財富分配也是不均的。

帕累托被稱做「資本主義的馬克思」，他指出：英格蘭財富的 80％，掌握在了 20％的人口手裏。許多其他國家和地方也是如此。

帕累托由此得出一個結論：財富分配和人口結構之間，存在著一種可以估算的比率。帕累托稱為「關鍵少數定律」，也就是現在所謂的「二八法則」。

類似帕累托的這種財富曲線，叫做冪律（Power Law）曲線。

冪律的典型是「二八法則」，實際上冪律正是從它開始發現的。義大利經濟學家帕累托發現，在財富的分配上存在著冪律分佈，即 20％的人掌握著 80％的社會財富。

有人將這一法則延伸，80％的工作由20％的人完成；或者80％的工作只產生20％的結果，反之亦然。

「二八法則」也遭遇了驚人的濫用，比如被墨索里尼拿去，為其法西斯主義做合理化解釋。

分清「中庸先生」與「極端先生」

天氣、豌豆的直徑、身體指標等屬於平均事件，是按照鐘形曲線（姑且稱之為「中庸先生」）分佈的，所以，就算這輩子你看不到一個身高為5公尺的巨人，也沒什麼值得稀奇的。

財富數量、貨品銷量、網站訪問量等屬於極端事件，遵從的是所謂的冪律曲線（姑且稱為「極端先生」）。

比如，某地的人口身高符合正態分佈，把世界上個子最高的人把戶口轉到這個地方去之後，這些人的平均身高並不會發生太大的變化。

但如果比爾・蓋茲有天突發奇想，非要成為這個城市的居民，那麼這個城市所有居民的平均財富將會大為增加。

如果說鐘形曲線是一位性格溫和「中庸先生」的話，冪律曲線就是一位性格乖戾的「極端先生」。

對自然問題，「中庸先生」比較擅長；社會問題，尤其是金錢問題，「極端先生」的意見更為可靠。

中庸先生信奉「天之道」，極端先生信奉「人之道」。

在中庸先生那裏，充滿了溫馨的平均主義，誰也不會比誰高出多少。

在極端先生那裏，一個數字就足以瓦解你所有的平均值，一次虧損就可以抹平你 100 多年的積蓄。

我們唯一應記住的是：道可道，非常道。

面對這個複雜的世界，沒有任何一個萬能公式，更沒有放之四海而皆準的教條。

鐘形烏托邦

鐘形曲線並非放之四海而皆準，但很多人覺得「鐘形曲線無所不在」。鐘形曲線為何這麼受歡迎？

鐘形曲線的魅力在於它分佈得很對稱，很和諧，很中庸，很民主，容易掌握，讓人感覺是溫和又可以預測的。收集了足夠的資料之後，模式就會自動顯現。

這符合懶人的胃口，我們不妨把這種理想叫做「鐘形烏托邦」。

理解冪律曲線，可以幫助我們和中庸的鐘形曲線保持距離。但冪律曲線是位「極端先生」，從來就不像鐘形曲線這位「中庸先生」那麼受歡迎，可以比喻為鐘形曲線是一位溫和的中庸先生，冪律曲線是一位狂暴的極端先生。

鐘形曲線屬於自然法則，冪律曲線屬於叢林法則。

冪律它過於青睞少數人，很極端，而且無法依據它去做準確的預測。

約翰‧洛克說：「瘋子，就是用錯誤前提進行正確推理的人。」

在經濟和金融領域大行其道，很多人將「中庸先生」奉為上賓。一廂情願地假設，金融市場是鐘形曲線在發揮作用……

也許，在一些迷信鐘形曲線的風險管理者看來，次貸危機只有遍歷恆河沙數才可能發生一次，相當於永遠不會發生。而在發生之後，每個人都彷彿成了孔明再生，都能給它一個解釋。

印有鐘形曲線的德國鈔票，曾經在短短數年內，由1美元兌換3馬克，變為1美元兌換30000億馬克。

在那張10馬克面值的德國鈔票上，中庸之態可掬的高斯先生彷彿在說：鐘形曲線對風險管理實在愛莫能助。

90／10法則

事實上，「二八法則」只是大致的說法，它並不是精準的比率。

在管理學家彼得‧杜拉克看來，把這個法則叫做90/10法則更為貼切。可以說，冪律是杜拉克管理思想的核心之一。杜拉克反覆強調，企業要把有限的資源，分配給關鍵的10％。

更有人認為，在金錢遊戲中，90/10法則更接近真實──10％的玩家贏得了90％的錢。以高爾夫球賽為例，所有的職業選手中，有10％的選手贏走了90％的獎金，其他90％的選手再分剩下的10％獎金。

如果我們把「二八法則」稍作推演，就可以得出更為駭人的結果。假

如你承認「二八法則」成立，那麼在「二八法則」的那20%當中也存在不平均，即大部分績效是由少數人創造的。推演的最終結果是，大約5%的人完成了95%左右的工作，這就變成了95/5法則。

美國「東部賭王」、地產富豪川普甚至表示：「90/10法則或許還會演變成95/5法則，甚至99/1法則——1%的人擁有全國99%的資產。」

事實上，很多企業的商品，充滿了是90%的「陪襯品」，它們只是「藥引子」。

有人曾經做過統計，Nike的運動鞋，90%以上是的款式是「陪襯品」，真正暢銷的款式不到10%，卻構成了Nike產品90%以上的利潤來源。

這就不難理解，為什麼有些企業會對某款產品重點推介，不惜重金大打廣告，而對有的產品，則任其自生自滅。它使得世界看上去更加不公平，但這卻是現實世界的法則。

假如有人告訴你，兩位作者的書共銷售100萬冊，最可能的情況是一位作者的書銷售了99萬冊以上，另一位的銷售還不到1萬冊。

這種情況比每位作者各占50萬冊的可能性要大得多。比如在出版界，更可能是98/2法則，也就是98%的圖書銷量來自2%的作者。

「中庸先生」發揮作用的職業

工程師、理髮師、醫生、教師、計程車司機等，屬於「中庸先生」發揮作用的職業。他們平時花錢很少有人揮霍的，他們的消費方式與他們的

職業一樣中庸。

比如，我常去的理髮店，那裏的設計師助理收費 200 元，而由設計師幫我理髮則收費 2000 元。

但無論是一般設計師助理，還是設計師，他們長期的收入都不具有突破性。

或許今天多了幾個染髮的女士，收入略高一些，明天全是男性顧客，收入少了些。但從長期看，是正態分佈的、均勻的。煎餅攤的小販就更明顯了，今天賣 120 個煎餅，明天賣 107 個，後天賣 123 個……收入都在正常的範圍內浮動。

對於希望穩定的人來說，「中庸先生」掌控的職業是個當不錯的選擇。它雖然不至於讓你一夜暴富，但也足以讓你安身立命了。

在《哈利 · 波特》出版之前，J.K. 羅琳只是一個失業的單身媽媽，她靠領取政府發放的「救助金」維生。《哈利 · 波特》就是羅琳在搖著女兒搖籃的情況下寫成的。

《哈利 · 波特》在暢銷後，羅琳迅速暴富，成了僅次於英國女王的女富婆。

麥可 · 喬丹曾經有「活看板」之稱，在 1998 年，喬丹一年創造出的經濟附加價值約為 100 億美元。

雖然，是同一職業，但也存在某種程度上的收入差異。比如，技術高超、經驗豐富的設計師比普通設計師要賺得多，喜歡加班的工人比不愛加班的工人相對也賺更多，此外，教師、醫生、程式設計師隨著能力的不同

及市場條件的不同，收入自然也有所不同。但是，像體育界或演藝界那樣，個人收入極其懸殊的情況是少見的。

「極端先生」發揮作用的職業

據說，武俠小說家古龍成名後，經常留著長髮，開著賓士汽車，車裏的美女更是經常更換。因為他的收入非常具有突破性，這使得他的消費行為與收入一樣極端。

一個開著名貴轎車、剛剛嶄露頭角的歌手，一個勤奮努力的便利商店老闆，哪個比較有錢？多數情況下，便利商店老闆收入會比較穩定。演員、作家、歌手、畫家、運動員等職業，屬於「極端先生」發揮作用的職業。

但這些行業，收入非常具有突破性。一旦成功就會擁有巨額財富，但失敗者常常淪為赤貧。在無數的運動員選手中，超級明星與普通選手收入相差何止千倍？超級巨星的唱片發行量可以達到數以百萬計，無名歌手可能連灌錄一張唱片的機會都難找。「極端先生」掌控的職業，雖然有可能一夜成名，但更多人的下場可能是喝西北風。

當年瑪丹娜為了在紐約謀生，從事過各類工作。她在商店當過店員，做過舞蹈演員，當過人體素描模特兒。據她在自己的傳記裏回憶，為了充饑，她甚至曾在垃圾箱裏找食物吃。她宣稱自己曾在被丟棄的「漢堡王」紙袋裏頭找到東西吃，時間大概為 1980 年。最終，瑪丹娜賭贏了，如果她輸了，不過是紐約夜總會多了一個寂寂無名的脫衣舞孃而已。

延伸閱讀

勝者通吃的社會

在《聖經‧馬太福音》中有這樣一個故事：一位主人將要遠行到國外，臨走之前，他將僕人們叫到一起，把財產委託給他們保管。

主人根據每個人的才幹，給了第一個僕人五個塔倫特（注：古羅馬貨幣單位），給第二個僕人兩個塔倫特，給第三個僕人一個塔倫特。

拿到五個塔倫特的僕人把它用於經商，並且賺到了五個塔倫特。同樣，拿到兩個塔倫特的僕人也賺到了兩個塔倫特。但是拿到一個塔倫特的僕人卻把主人的錢埋到了土裏。

過了很長一段時間，主人回來與他們算帳。拿到五個塔倫特的僕人，帶著另外五個塔倫特來到主人面前，說：「主人，你交給我五個塔倫特，請看，我又賺了五個。」

「做得好！你是一個對很多事情充滿自信的人，我會讓你掌管更多的事情，現在就去享受你的土地吧。」

同樣，拿到兩個塔倫特的僕人，帶著另外兩個塔倫特來了，他說：「主人，你交給我兩個塔倫特，請看，我又賺了兩個。」

主人說：「做得好！你是一個對一些事情充滿自信的人，我會讓你

掌管很多事情，現在就去享受你的土地吧。」

最後，拿到一個塔倫特的僕人來了，他說：「主人，我知道你想成為一個強人，收穫沒有播種的土地，我很害怕，於是就把錢埋在了地下。你看那裏，那兒埋著你的錢。」

主人斥責他說：「又懶又缺德的人，你既然知道我想收穫沒有播種的土地，那麼你就應該好好利用那些錢，讓我回來時能連本帶利地還給我。」

然後他轉身對其他僕人說：「奪下他的一個塔倫特，交給那個賺了五個塔倫特的人。」

「可是他已經擁有十個塔倫特了。」

「凡是有的，還要給他，使他富足；但凡沒有的，連他所有的，也要奪去。」

20 世紀 60 年代，知名社會學家莫頓首次將這種「貧者越貧、富者越富」的現象歸納為「馬太效應」。馬太效應又叫「累積優勢」，也就是從過去的成果獲益的優勢。

社會學家羅伯特‧法蘭克教授在《贏家通吃的社會》一書中指出，這是個「贏家通吃」的社會，遊戲規則往往都是贏家所制定的。

第十六章：雙尾理論

——從「長尾」到「雙尾」

窮尾越長，富尾反而越集中。這是「長尾理論」假裝沒有看到的。

90/10 法則或許還會演變成 95/5 法則，甚至 99/1 法則——1％的人擁有全國 99％的資產。

——唐納德・川普

美國和其他許多國家正變成只剩下兩種階級的社會：富人或窮人，上流階層或平民階層。

——羅伯特・清崎

人類生活的世界，是一個不平均的「雙尾世界」：少數精英構成的「富尾」，和最廣大草根構成的「窮尾」。

新技術革命和全球化加劇了這種不平均，悲觀者看到的是兩極分化，樂觀者看到的是新商機。

長尾理論、M形社會、中等收入陷阱、藍海戰略……是近幾年火紅的幾個概念，其實都是在圍繞「冪律」上作文章，這是「雙尾效應」極端化的產物。

在代表最精銳生產力的富尾，和最廣大草根的窮尾之間，我們應該如何取捨與兼顧？

長尾現象

2004 年，《連線》雜誌主編克里斯 • 安德森首次提出了長尾（Long Tail）這個概念，用以描述類似亞馬遜網路書店這種新興商業模式。

長尾理論的基本原理是：只要存儲和流通的管道足夠大，需求不旺或銷量不佳的產品所共同佔據的市場佔有率可以和那些少數熱銷產品所佔據的市場佔有率相匹敵甚至更大。即眾多小市場彙聚成可與主流大市場相匹敵的市場能量。

長尾理論因其形象、生動獲得廣泛認同，傳播開來。但這個理論有其局限性，在後面我們會加以介紹。

撿芝麻，還是撿西瓜

「長尾」意味著「草根」，團結起來也可以壓倒「精英」。「冷門」聚合起來也可以蓋過「大熱門」。而這得益於網際網路技術的普及。

以出版界為例，每個書商都希望發現下一本《哈利 • 波特》，但是誰也無法確定一本書會不會暢銷，出版公司只能對市場不斷「下注」：拼命多出書，但願其中一本走大運。這樣就會使得圖書品種越來越多，人們可以選擇的選項也就越來越多。

這種現象會導致兩種景象，一方面「二八法則」依然有效，仍然是少數幾個品種佔據著體制地位。另一方面，默默無聞的品種越來越多——比

過去多了很多。你可以稱之「過剩經濟」，也可美其名曰「豐饒經濟」。

我們用個比喻來概括長尾理論，過去是有一個西瓜和幾粒芝麻，你會撿哪個？當然是撿西瓜。現在情況變了，品種極其豐饒，地上到處都是芝麻，如果有個簡易的辦法把芝麻收集起來，其數量還是很可觀的。

網路，正是「收集芝麻」的好工具，比如網路書店，其成本優勢是很明顯的。只要它品種足夠多，非暢銷書累加起來的銷量，也是很大的。

長尾理論帶來了一個壞消息和一個好消息：壞消息是「西瓜」很少也很難找，就剩下「芝麻」了。好消息是：「芝麻」數量足夠多，而且還有「收集工具」。

網際網路造就了有史以來最嚴重的集中，網站訪問流量也呈冪律分佈，即少數網站佔有大多數的訪問流量。比如Google就是贏家通吃的典型案例。

當然，一些小人物偶爾也會崛起打敗勝者，別忘記，10多年前，我們都是用雅虎搜索，現在，Google才是搜索引擎市場的霸者。但是，要實現這種異軍突起，基本上很難。

資訊時代既產生了大量的類似Google的商品，也催生大量的拾遺補缺的「利基商品」，或者叫「長尾商品」。

比如，你寫了一本很有個性的書。情況可能是，一家容量只有5000冊書的小書店不會願意讓你的大作佔據他們寶貴的書架。而大書店，也不會當成重點擺放這類邊緣主題的書籍。所以，你的書還沒有誕生就死了。

網路世界就可以打破這種情形，網路書店的「貨架」可以「擺放」無

數種書。就算是一本很冷門的作品，也能夠獲得小的、穩定的讀者群。

於是，類似這種類似邊緣圖書的「長尾商品」會越來越多。

當你找到了收集這些「長尾商品」的方法，你也就找到了一種新的商業模式了。

「長尾」是冪律曲線的另一種形式

事實上「長尾法則」並沒有超越「二八法則」，更談不上徹底顛覆。「二八」並非精確的比率，只是大致描述冪律現象的一個比率。

在人類社會，只要人們可以根據多項選擇來表明他們的喜好，這種選擇的結果就是一個冪律分佈曲線。

長尾法則和二八法則都是冪律，長尾是豐饒經濟的產物。長尾理論為我們在網路時代重新理解冪律提供了一個新的思路。

哈佛大學教授阿妮塔女士，寫了一篇論文，叫《應該投資長尾嗎？》。

阿妮塔調查發現，隨著「長尾」的不斷延長，銷量確實在向尾部轉移。比如，一些本來沒有銷量的產品，也有了銷量。但整體來看，尾部正變得更長，也更扁平，而沒有變肥。

同時，關注熱門產品的人，極少會關注冷門產品；關注冷門產品的人卻往往會關注大熱門。大熱門仍是大熱門，集中程度比以往更甚。面對有理有據的詰問，長尾理論的提出者安德森顯得招架乏力。

M形社會：中產的淪陷

人類社會的理想藍圖是：中產階級占了絕大多數，極度富裕和極度貧寒的都只有很少數。這也就是我們常說的「紡錘形社會」。

但是，大前研一在其《M形社會》中指出：代表社會富裕與安定的中產階級，如今正在快速消失，約有八成人的生活處於中下水準，M型社會由此形成。

就像大前研一指出的那樣，很多自認是中產階級人士，其實屬於中低收入階層。中低階層時代已到來，八成人口屬於中低收入，他們普遍感到「生活」吃力、因為經濟原因不敢輕易結婚、生子和買房。

大前研一常說：你別再以為，只要咬牙忍一忍，好日子還會回來，你可能已經從中產階級淪落到「新窮人」而不自知……

雙尾效應

冪律反映了這個世界是不公平的。所以當中間層淪陷後，橫軸就會變得更長。

如果不用數學的方式論證，可以用前面講的行為經濟學的一些原理進行解釋。比如選擇太多的情況下，人的決斷力會崩潰。所以，人們只好關注大熱門。

人的注意力是有限的。比如，電視只有 5 個頻道的年代，我們每天都

會把電視選台器轉一圈，電視有 50 個頻道的年代，我們會經常看五、六個最愛的頻道，如今，衛星電視、數位電視頻道動輒幾百，我們最愛的頻道依然是五、六個。

由此，我們可以推論出一個「雙尾效應」（Double Tail Effect）：橫軸的尾巴越長，縱軸就越像另一條細長的尾巴。我們姑且將之稱為「富尾」（Rich Tail）和「窮尾」（Poor Tail）。

在全球化時代，「雙尾效應」將日益劇烈。大量「草根」構成的「窮尾」和極少數超級精英一起構成的「富尾」，一起組成了「雙尾世界」。

以 NBA 為例，大約二十年前，球員最高薪資不過幾百萬美元。如今，NBA 走國際化路線，高薪引進海外頂尖球員，薪資動輒以千萬美元為單位，一流的球員和二流球員的薪酬相差懸殊，三流球員就很艱難了，甚至連打候補的機會都沒有。

M 形社會是一個典型的「雙尾效應」：原來極其富有的那部分人，更加富有，構成「富尾」，中產階級日益消失，向下層淪陷，「新窮人」和「老窮人」共同構成「窮尾」。

長尾只是特例，雙尾才是恆常

長尾理論為我們假想了一個「長尾短頭」的理論模型，但這個模型過於感性。它的流行並非由於正確性，而在於其流行性。

有學者曾批評長尾理論：「長尾理論的作者只是一個新聞工作者，他

連什麼是長尾需求都沒有弄清楚，就來講所謂的長尾理論，全書通篇大都是現象的羅列，作者的思維完全是一塌糊塗。」

但編輯出身的安德森卻很明白暢銷書是如何運作出來的。這就好比，子虛國有位作家，寫了一本猛誇烏有國民非常智慧的書，這本書很可能會在烏有國熱賣。在網路時代，一本迎合網路經濟的書，當然會受到網路媒體的追捧。

「長尾假說」其實算不上什麼新鮮事，長尾假說是由「肥尾」假說（Heavy Tail）演變來的。《長尾理論》的一些說法過於誇大，比如「長尾無所不在」、比如「80/20 法則的滅亡」等。或許在某些領域，長尾現象也許暫時是成立的，但以一個很長的時間跨度來看，「長尾」只是暫時的過程，「雙尾」才是結果。

新奢華品

M形社會產生了大批「新窮人」，他們雖然收入降低了，品味和格調卻不會降低。

在雙尾時代，如何把握大趨勢，進行市場定位很重要。企業未來只有兩種客戶，一種是「富尾」客戶，他們越來越有錢，若鎖定他們，你必須有實力走徹底的奢華路線。

事實上，不少大品牌奢侈品，從商業角度講是賠錢的，之所以繼續存在，只是品牌擁有者個人抱負的滿足而已。

而另一種，也是最龐大的市場，則是「窮尾」的客戶，隨著「新窮人」的不斷加入，「窮尾」人數逐年暴增。「新窮人」不吝惜多付一點價格，得到高品質、好感覺與貼心服務的產品，也就是所謂的「新奢華品」：感覺五星級＋價格二星級。

　　當然，並不是說買這些產品的人就一定是中低收入的人，相當多的富人並不喜歡浮誇，所以這些「新奢華品」也會從那裏分一杯羹。

普通人如何在「雙尾時代」求存

　　每一次經濟發生震盪，都是社會財富再分配的過程，都會有一小部分人發大財，另一些人則會「掉下來」。這種階層的落差的痛苦，比原本就窮更深。

　　一些人士無法接受自己的收入降低的現實，仍活在「中產夢」之中，消費與社會生活圈卻仍停留在原來的位置。做人千萬不能「刻舟求劍」，要重建自己的人生戰略，才能在「雙尾時代」求存。

　　不要試圖掩飾。有句話說，世界有三種東西欲蓋彌彰，那就是噴嚏、貧窮和愛情。承認失敗，才能阻止失敗，才有機會東山再起。

　　大前研一建議，不要執著於買車、買房。不要僅僅為了上班方便而購置價格超高的房產，甚至淪為「房奴」。

　　生活休閒也要巧妙規劃，實現更好的放鬆。太多的消費，都是概念行銷洗腦的結果。別接受休閒商人規劃的夢想，去找專屬於你自己能開闊眼

界和帶來新機遇的休閒活動。

丟掉幻想，積極自救，不要再把一切問題的解決都寄望於政府。學歷也會貶值，也要講究投資報酬率，與其投資過量的金錢在小孩的教育上，不如讓孩子在「叢林法則」中學會獨立和競爭。

狙獵「黑天鵝」

中國人常說，天下烏鴉一般黑。其實，在印度就有白烏鴉。

在 17 世紀，第一隻黑天鵝在澳洲被發現以前，歐洲人同樣認為，所有的天鵝都是白色的。但只要一隻黑天鵝出現，就代表你從前的觀念就是錯的。

尼可拉斯・納西姆・塔勒布用這個哲學命題，來闡釋他的行為金融學理念，寫成了《黑天鵝》一書。

「黑天鵝」是一個比喻，指的是不可預測的重大稀有事件，它在意料之外卻又改變一切。

「黑天鵝」事件有兩類，一種是負面的，如恐怖主義、金融危機、政變、地震、海嘯等，這些事情事先不可預料，事後追溯起來卻似乎有跡可循。這些事件重大稀有，過程短暫卻影響深遠。對負面黑天鵝要盡量避開。

還有一種是正面黑天鵝，要積極捕捉。比如，技術革命、寫了一本暢銷書，或是找到了治癒疾病的方法等。

羅素的火雞

塔勒布引用了「羅素的火雞」這一典故，來解釋負面黑天鵝。

英國哲學家伯特蘭·羅素講過一個關於歸納主義者火雞的故事。在一個飼養場裏，有一隻火雞智商特別突出，牠發現，上午主人會餵食牠。然而既然是一個卓越的歸納主義者，所以，牠並不馬上做出結論。就這樣，從第 1 天，到第 1000 天，每天上午主人都餵食牠。

最後，火雞歸納出了下面的結論：「主人是關心我的，而且他總是在上午給我食物。」

第 1001 天的時候，也就是耶誕節前夕，主人把牠宰了，火雞透過歸納法得到的結論終於被無情地推翻了。

這就好比，你坐在湖邊數天鵝，雖然看到連續飛過的 1000 隻天鵝都是白色的，但不能就此判斷第 1001 隻天鵝也一定是白色的。

狙擊「黑天鵝」

面對黑天鵝效應，有的人如同待宰的火雞，面臨巨大的災難卻不知情。有的人則相反，他們已做好埋伏，時刻準備捕獵正面的黑天鵝。

獵尋黑天鵝，聽起來不錯，但怎樣才能獵尋黑天鵝呢？在塔勒布這本旁徵博引、天馬行空的書裏，很多讀者感覺有點暈。

其實，《黑天鵝》這本書可以濃縮成兩個不對稱的賭局：

A：賭 1001 局，你有 1000 次可能會贏 1 元。在這 1001 次中有 1

次可能你會輸掉 10000 元。

　　B：賭 1001 局，你有 1000 次可能會輸 1 元。在這 1001 次中有 1 次可能你會贏 10000 元。

　　你會選擇玩哪個呢？

　　A 的期望值大約是 -9900

　　B 的期望值大約是 +9900

　　理性的人當然會選擇 B。

　　但很多人會選擇 A。

　　這不僅僅是因為貪圖小利。根據泰勒四原則，我們可以知道，連續贏一千次，雖然它的每次才贏 1 塊錢，但這一千次甜頭累加起來的效果，要大於一次贏一千元。

　　同時，連續輸掉的一千次，雖然損失才一千元，但其痛苦累積起來，卻遠大於一次輸掉一千元。

　　於是，不夠理性的人往往選擇 A 賭局，而不是 B 賭局。自以為正常不過的選擇，其實既愚蠢又危險，而當事人卻自得其樂且沾沾自喜。

　　在 A 賭局中，隱藏著負面的黑天鵝，B 賭局中隱藏著正面的黑天鵝。

　　黑天鵝事件具有三個特徵。

　　第一是無法預知。由於人類的「所知障」，總有一些事件超出了人類的預測能力。

　　第二是重大稀少，影響深遠。人類歷史就是被極小機率事件主導的。

第三是事後諸葛。這符合人類大腦解釋的本能，人類對不解之事總有解釋的衝動，哪怕找一個似是而非的解釋，也會比沒有解釋感到安心。

輸有上限，贏無上限

查理 · 芒格說過「人類並沒有被賦予隨時隨地感知一切、瞭解一切的天賦。但是人類如果努力去瞭解，去感知——提供篩選眾多的機會——就一定能找到一個錯位的賭注。」

查理 · 芒格的「錯位的賭注」也好，塔勒布所說的「不對稱的賭局」也好，都是在講一個意思，避開心理的盲區，用理性去下注。而且，在一場「輸有上限，贏無上限」的遊戲裏，聰明的人會在當成功機率很高時下大賭注。而其餘時間，懂得「用蠟把耳朵封住」，防止被來自市場的雜訊擾亂心緒。

在這個不平均的時代，個人或企業憑什麼崛起？狙擊黑天鵝不失為一個積極的策略。

延伸閱讀

上下分流的時代

狂飆起於青萍之末，整個社會的發展脈動，你感覺到了嗎？你做好
準備了嗎？

越窮越忙，越忙越窮

不要以為努力工作就一定能實現中產階層夢。事實上，很多人儘管
一直在努力，但已經無法抵抗社會的鉅變，淪為「窮忙族」——一直在工
作卻入不敷出。

「窮忙族」是個外來詞，即「working poor」，「越窮越忙，越忙
越窮」是他們的特徵。

《紐約時報》記者大衛・史普勒在《工作的窮人：在美國所看不到
的》中提到，美國有 500 萬人過著「辛勤工作卻朝不保夕」的生活。在
德國，窮忙族人數超過 100 萬；在日本，人數超過 1500 萬。窮忙，不
是個人能力問題，而是個社會問題；不是哪一個地區的問題，而是個全球
性問題。

下流社會

日本曾以「一億中流」為驕傲，然而，20世紀90年代日本經濟泡沫破裂之後，日本社會的中產階級開始的分崩離析，「上下分流」導致越來越多的人開始形成一個極廣泛的「下流社會」階層。

日本作家三浦展的《下流社會》一書反映了這一問題。不僅是日本，美國、臺灣以及地球上的其他許多經濟體，也出現了中產階級被快速摧毀的現象。

雖然，從統計學上講，類似中國、印度這樣的國家，所謂的中產階級有增長的現象，但這些所謂的「中產」卻是比發達國家的窮人還窮。放在全球化背景下，所謂的「中產」與窮人，不過是坐在「蓆子上」與「地板上」的差別。可以說，在全球化浪潮下，很少有哪個地區能逃過這一問題。

國家圖書館出版品預行編目資料

賭客信條／孫惟微作 -- 四版，
-- 臺北市 ： 海鴿文化， 2021.9
面 ； 公分． -- （成功講座；373）
ISBN 978-986-392-386-2 （平裝）
1. 經濟理論 2. 行為心理學

550.14   110013055

書　　　名　賭客信條

作　　　者：孫惟微
美 術 構 成：騾賴耙工作室
封 面 設 計：斐類設計工作室
發　行　人：羅清維
企 畫 執 行：林義傑、張緯倫
責 任 行 政：陳淑貞

出　　　版：海鴿文化出版圖書有限公司
出 版 登 記：行政院新聞局局版北市業字第 780 號
發　行　部：台北市信義區林口街 54-4 號 1 樓
電　　　話：02-27273008
傳　　　真：02-27270603
信　　　箱：seadove.book@msa.hinet.net

總 經 銷：創智文化有限公司
住　　　址：新北市土城區忠承路 89 號 6 樓
電　　　話：02-22683489
傳　　　真：02-22696560
網　　　址：www.booknews.com.tw

香港總經銷：和平圖書有限公司
住　　　址：香港柴灣嘉業街 12 號百樂門大廈 17 樓
電　　　話：（852）2804-6687
傳　　　真：（852）2804-6409

CVS 總代理：美璟文化有限公司
電　　　話：02-27239968　e-mail：net@uth.com.tw

出 版 日 期：2016 年 10 月 01 日　一版一刷
　　　　　　2021 年 09 月 01 日　增訂四版一刷
定　　　價：350 元
郵 政 劃 撥：18989626　戶名：海鴿文化出版圖書有限公司

Seadove

Seadove